"十四五"国家重点出版物出版规划项目

"心理学视野中的突发重大公共安全事件应急管理"丛书 ｜ 总主编 游旭群

国家出版基金项目
NATIONAL PUBLICATION FOUNDATION

突发重大公共安全事件应急管理中的社会公共安全文化建设

姬 鸣 等 编著

浙江教育出版社·杭州

图书在版编目（CIP）数据

突发重大公共安全事件应急管理中的社会公共安全文
化建设 / 姬鸣等编著. -- 杭州 ： 浙江教育出版社，
2024.5
（心理学视野中的突发重大公共安全事件应急管理 /
游旭群主编）
ISBN 978-7-5722-7282-0

Ⅰ．①突… Ⅱ．①姬… Ⅲ．①公共安全－突发事件－
安全管理－研究 Ⅳ．①D035.29

中国国家版本馆 CIP 数据核字(2023)第 248370 号

突发重大公共安全事件应急管理中的社会公共安全文化建设

姬 鸣 等 编著

出版发行	浙江教育出版社
	（杭州市环城北路 177 号 电话：0571－88909724）
丛书策划	吴颖华
责任编辑	傅 越 周涵静 苏心怡
美术编辑	韩 波
责任校对	余晓克
责任印务	陈 沁
营销编辑	陆音亭
封面设计	观止堂__未氓
图文制作	杭州天一图文制作有限公司
印 刷	浙江海虹彩色印务有限公司
开 本	710mm×1000mm 1/16
印 张	9.25
插 页	5
字 数	133 000
版 次	2024 年 5 月第 1 版
印 次	2024 年 5 月第 1 次印刷
标准书号	ISBN 978-7-5722-7282-0
定 价	32.00 元

"心理学视野中的突发重大公共安全事件应急管理"丛书编委会

总　序

　　党的二十大报告指出："我们要坚持以人民安全为宗旨、以政治安全为根本、以经济安全为基础、以军事科技文化社会安全为保障、以促进国际安全为依托，统筹外部安全和内部安全、国土安全和国民安全、传统安全和非传统安全、自身安全和共同安全，统筹维护和塑造国家安全，夯实国家安全和社会稳定基层基础，完善参与全球安全治理机制，建设更高水平的平安中国，以新安全格局保障新发展格局。"特别是要着力健全国家应急管理体系，建立大安全大应急框架，加强国家区域应急力量建设。在这个过程中，心理建设是必不可少的重要方面。人民是应急管理工作关键的出发点和落脚点，而心理学则可以有效帮助我们更好地理解人民、服务人民。基于此，本套"心理学视野中的突发重大公共安全事件应急管理"丛书通过《突发重大公共安全事件应急管理心理学导论》《突发性公共事件中的心理管理》《突发重大公共安全事件应急管理中的社会公共安全文化建设》《突发重大公共安全事件行为引导》《重大公共安全事件中的风险感知与决策》《突发重大公共安全事件中的心理援助》六个分册，阐述心理学在推进国家安全体系和能力现代化建设、维护国家安全和社会稳定中的重要作用。

　　《突发重大公共安全事件应急管理心理学导论》分册基于总体国家安全观的思想指导，系统探讨应急管理心理学这一核心议题，特别是对突发重大公共安全事件应急管理中涉及的心理学关键性问题、标志性概念、前沿研究进展和先进管理实践，以及我国应急管理体系所面对的挑战和心理学在其中可发挥的作用等方面进行详细介绍。此分册从心理学的角度，为中国特色应急管理工作提供方式方法上的参考，为民众认知和应对突发重大公共安全事件提供知识经验上的支撑，为应急管理科学研究如何更好地服务于国家和人民提供思维思想上的启迪，进而促进我国社会治理水平高质量发展。

《突发性公共事件中的心理管理》分册是基于长期聚焦当代管理以人为本的价值思潮和未来学科发展与管理实践需求，逐渐形成的心理管理学思想向社会治理领域的延伸和推广，分不同专题论及突发性公共事件中普遍存在的社会心理现象之现状、成因、后果及对策。此分册的"总论"阐述基本理论观点及总体构想；"动机管理篇"分两章，分别探讨"价值取向管理"和"效用心理管理"问题；"认知管理篇"分两章，分别探讨"风险与决策心理管理"和"博弈心理管理"问题；"情绪管理篇"分两章，分别探讨"应激心理管理"和"心理安全感管理"问题；"社会心理管理篇"分两章，分别探讨"社会情绪管理"和"社会心态管理"问题。我们冀望此分册提供的观点、构建的体系和论述的内容能够对突发性公共事件乃至非此类事件中人们的心理管理起到抛砖引玉之效，为个人、组织和国家提供有科学依据的、系统的心理管理对策与方法，服务于社会心理服务体系建设，在重构和升级人们的认知及心智模式，逐渐达到"自尊自信、理性平和"之目标的进程中贡献一份力量。

《突发重大公共安全事件应急管理中的社会公共安全文化建设》分册立足社会重大风险管理中的公共安全事件，将行业安全文化提升到社会公共安全文化的范畴，围绕气候环境风险、社会风险事件和人为因素风险，梳理突发重大公共安全事件与社会公共安全文化之间的关系。此分册结合中国文化特征，从社会组织层面和个体成员角度，系统阐述社会公共安全文化的内涵、理论基础以及对社会重大公共安全事件的影响；从安全政策、安全管理、安全氛围以及安全文化机制角度，重点分析政府在社会公共安全文化中扮演的角色和引导机制；同时，还从安全态度、安全意识、安全价值、安全行为角度，揭示个体成员对社会公共安全文化的认知机制，阐明社会公共安全文化的评估方法及反馈机制。基于以上论述和分析，提出突发重大公共安全事件风险管理中的社会公共安全文化建设策略。此分册从心理学视角阐述社会重大风险管理中的社会公共安全文化，分析和揭示社会心理学中群体社会风险感知的形成机制和基于社会层面的公共安全文化的作用机理，从学术价值领域拓展和完善了社会风险管理相关理论。此分册的核心思想和观点可为社会重大风险动态评估、群体社会心理行为以及社会舆情的正确引导与管理提供理论依据和技术手段，对于政府在突发重大公共安全事件风险管理中科学高效地发挥社会职能具有重要意义。

《突发重大公共安全事件行为引导》分册根据提高公共安全治理水平，推动公共安全治理模式向事前预防转型的总体要求，及时有效地对卷入重大公共安全事件的群体及其行为进行干预、引导，加强社会公众应对重大公共安全事件的综合能力，对于减轻、消除突发事件引起的社会危害，迅速恢复社会秩序，避免群众的非理性行为引发更大的社会危机具有重要作用。为给突发重大公共安全事件中的公众提供行为引导策略，此分册从多学科视角出发，立足管理学、心理学、行为科学、安全科学领域，以"理论—机制—策略—体系"为脉络，积极回应现实需求。此分册将公众行为引导贯穿始终，各部分内容相互关联，层层递进，全景式展示突发公共安全事件中公众的行为引导策略。具体而言，此分册首先概述突发重大公共安全事件行为管理的意义、影响因素与相关政策，便于读者全面理解行为引导在应对突发重大公共安全事件中的重要性；其次，根据管理学与心理学相关理论，为突发重大公共安全事件的行为管理提供丰富的理论基础；再次，基于个体与群体在面对突发重大公共安全事件时的心理、行为与动机反应机制，对卷入突发重大公共安全事件的社会公众普遍会出现的心理应激反应、行为规律与潜在行为动机进行系统分析；之后，着重提出突发重大公共安全事件中行为引导的具体策略，分别从重大公共安全事件发展的时间进程、行为空间与地区差异视角，根据不同主体的特点，探讨适用于普通大众与残障人士的不同行为引导策略；最后，提出构建宏观、系统的行为管理制度与行为引导体系的建议，对于完善国家应急管理体系具有重要意义。

《重大公共安全事件中的风险感知与决策》分册尝试总结近年来国际和国内重大公共安全事件中风险感知与决策领域的理论和实证研究，旨在帮助读者理解重大公共安全事件中民众风险感知与决策的特征及影响因素，并为如何应对重大公共安全事件提供建议和政策参考。此分册结合历史上的重大公共安全事件，介绍个体和群体的不同风险感知特点对其风险决策的影响，共八章。第一章是概述，主要介绍重大公共安全事件中的风险与风险感知，以及风险决策的定义、特征和影响；第二章介绍重大公共安全事件中的信息传播与风险感知，结合案例，分析信息传播对风险感知的影响；第三章结合跨文化研究的成果，介绍文化差异对风险感知的影响；第四章和第五章分别从个体和群体层面，阐述风险偏好和团体决策在重大公共安全事件中对风险决策的影响；第六章和第七章总结重大公共安全事件中的风险决策机制及模型；第八章对重大公共安全事件中的风险决策管理进行讨论。此分册注重理论与实践相结合，既有深入的理论探讨，又有丰富的实践案例。

《突发重大公共安全事件中的心理援助》分册紧扣经济社会发展重大需求，基于学术研究成果与实操经验撰写而成。突发重大公共安全事件中的心理援助，是指在突发重大灾难中或者灾难发生后，心理或社会工作人员在心理学理论的指导下，对由灾害引起的各类心理困扰、心理创伤，有计划、有步骤地进行干预，使之朝着预期的目标转变，进而使被干预者逐渐恢复到正常心理状态的一切心理援助的过程、途径和方法。总体而言，我国突发重大公共安全事件中的心理援助具有政府与非政府机构并重、针对性与广泛性并存、共通性与文化特色并行等特点，对于维护个体和群体的心理健康、保障公共安全和社会稳定具有重大意义。此分册分析突发重大公共安全事件中心理援助的概念、特征与类型；介绍心理学、管理学等相关学科领域的心理援助理论模型；梳理开展心理援助的组织架构与实施体系；从认知—情感—行为、个体—群体、时间—空间、临床—非临床四个维度，探讨突发重大公共安全事件中的心理行为效应；说明开展心理援助的基本流程、常用模式与主要途径；以国内外典型突发重大公共安全事件为背景，总结心理援助工作实务方面的经验与不足。此分册内容兼具学理性与务实性，既注重实证分析，又注重人文关怀，为推进心理援助相关研究提供了有价值的参考，对于开展心理援助实践具有重要的指导意义。

总的来说，确保人民群众生命安全和身体健康是中国共产党治国理政的一项重大任务。特别是在面对突发重大公共安全事件时，党中央强调要发挥我国应急管理体系的特色和优势，借鉴国外应急管理的有益做法，积极推进我国应急管理体系和能力现代化建设。本套丛书正是依托心理学服务于国家和社会现实需求的重要学科能力，系统总结国内外应急管理心理学领域先进的知识、经验，力图实现心理学与其他多学科合力解决中国现实问题的重大学科发展目标。不足之处，还望大家批评指正！

游旭群

2023 年 12 月于西安

前　言

社会风险与公共安全是伴随人类社会发展的重大现实话题，人类社会面临着诸多由社会风险带来的公共安全问题的威胁与挑战。2022年第10期《求是》杂志刊发了习近平总书记的重要文章《正确认识和把握我国发展重大理论和实践问题》，其中把"正确认识和把握防范化解重大风险"作为一个重大理论和实践问题。社会重大风险事件具有突发性、紧迫性和危害性等特征，这对社会风险管理系统的应对能力和治理能力提出了更高要求。社会公众良好的风险意识和群体安全行为在很大程度上能够有效提升社会风险管理系统的治理水平。目前，风险管理研究领域更多强调对风险事件的态势感知模式和系统治理理论，而基于群体心理行为层面的公共安全文化理论相对薄弱。因此，进一步深化社会重大风险管理中公共安全理论的研究，有效提升公众的风险意识，引导公众的安全行为，是充分发挥社会重大风险管理作用的重要举措。社会公共安全文化强调人们应该具备的突发事件预防意识和应对能力，并通过教育、宣传等形式，使每个社会成员都积极参与社会重大风险事件的安全治理事务，共同维护社会的和谐稳定。

本书对社会重大风险管理中社会公共安全文化的相关理论作了较为系统的介绍，如安全文化的理论模型、社会公共安全文化机制及其与风险管理的关系、社会公共安全氛围和安全意识，以及社会公共安全态度和行为等；基于社会重大风险管理领域的社会公共安全文化研究，介绍了社会重大风险管理中社会公共安全文化对风险行为管理的影响，对社会公共安全文化建设相关问题作了探究；结合社会重大风险管理理论和案例，阐述了社会重大风险管理中社会公共安全文化评估的理论、方法和流程。基于作者团队的最新研究成果，本书阐述了如何在社会重大风险管理领域引入、应用和推动社会公共安全文化研究，以帮助读者更好地理解和掌握社会公共安全文化的相关理论、方法以及实施流程。在社会公共安全文化层面，本书将社会公众的风险意识、安全态度、社会情绪以及安全行为融入社会重大风险管理领域，丰富了风险管理中有关社会群体心理行为的相关理论，具有重要的学术价值。本书的出版，对于提升公众风险意识，有效应对突发事件，更好地凝聚社会力量参与社会重大风险事件管理具有重要的现实意义。本书适合心理学、安全管理和安全工程等专业的学生阅读，也能够为从事社会重大风险管理和社会公共安全文化研究的相关学者提供参考。

本书凝聚了陕西师范大学安全文化与风险感知研究团队的集体智慧。游旭群教授和姬鸣教授搭建本书框架并负责统稿工作。各章撰写者如下：第一、二章，姬鸣；第三章，李家豪；第四章，刘博；第五章，徐帅；第六章，见晨阳；第七章，姚丹旭。陕西师范大学心理学院博士研究生解旭东、杨钞操、黄雷、张军恒以及硕士研究生于莹悦、晁静宜、何瑞坤、刘惠泽、刘昕、何雨晴、孙颖琪、邓从古等协助整理书稿。责任编辑傅越、周涵静、苏心怡为本书的顺利出版付出了辛勤努力，在此一并表示衷心感谢。

尽管我们对书稿进行了反复修改，但由于学识所限，加之时间较紧，疏漏和错误在所难免，对于书中存在的不足和不妥之处，恳请读者和同行不吝指正！

本书作者

2023 年 12 月

目　录

第一章
社会风险与公共安全

　　社会风险与公共安全是伴随人类社会发展的重大现实话题，人类社会面临着诸多社会风险给公共安全带来的威胁与挑战。对社会风险的类型、特征、成因、应对措施等进行系统分析，既能为政府部门制定政策、建构风险预警体系、发布风险警情、采取风险防控措施、动员社会力量对抗风险提供参考依据，又能帮助社会群体更加全面地了解风险特点，提高社会系统在面对重大社会风险事件时的能力。社会风险通常被理解为"社会损失的不确定性"，是一个庞大、复杂的系统。本章将介绍与公共安全问题关系最为密切的气候环境风险、社会风险事件、人为因素风险，对三类风险进行划分并分析其特征、成因及其与各类公共安全问题的联系；对较为特殊的社会风险（如生态系统风险等）评估系统进行阐述，旨在说明评估特殊社会风险与公共安全问题之间的联系需要特定的方式，这对特殊社会风险的治理具有一定的指导作用。此外，社会风险的复杂性决定了不同类型的社会风险之间存在一定联系。因此，本章在介绍部分社会风险的特征时进行了跨风险类型的综合性分析，旨在厘清不同社会风险之间的关系，为政府部门选择分而治之或综合治理的方式提供参考，提高社会风险治理的效率。

第一节　气候环境风险与公共安全

近几十年来，人类工业活动的爆炸式增长无形中助长了气候环境风险的暴发，不可避免地引发了一系列公共安全问题。常见的气候环境风险包括极端天气风险、气候变化适应风险、自然灾害风险、水危机以及生态系统风险等。

一、极端天气风险

近年来，全球极端天气风险事件多发，气候变化引起的风险已经成为各国面临的共同挑战。只有充分了解和掌握全球气候变化背景下各类极端天气风险事件的特征和发生规律，才能制定更具针对性的应对方案，提高社会系统应对极端天气风险事件的能力。

（一）极端天气风险事件的特征及其分类

由于气候变化，全球极端天气风险事件发生频次呈逐年增加的趋势。据统计，亚洲极端天气风险事件的发生频次位居首位，其次是欧美、非洲，最后则是大洋洲，如表1-1。极端天气风险事件的诱因复杂、影响面广、破坏性强，无论是发展中国家，还是发达国家，都无法幸免。人们一般将极端天气风险事件定义为一种罕见的随机事件，主要包含两类：一类是基于简单气候统计的极端天气风险，如出现温度极高（热浪）或极低（寒潮）的天气（周期性暴发且地点大多固定）；另一类是由特殊事件驱动的极端天气风险，如干旱、洪涝、飓风等（非周期性暴发且地点不固定）（Easterling et al.，2000）。防范由特殊事件驱动的极端天气风险，有效处置其引发的公共安全问题是该领域的研究重点。

表 1-1　2000—2021 年五大洲极端天气风险事件发生频次统计表
（数据引自全球自然灾害评估报告中文版，2022）

极端天气风险事件类型	地区				
	亚洲	欧洲	美洲	非洲	大洋洲
极端洪涝事件	172	3	19	32	0
强对流事件	11	0	3	0	0
寒潮和冬季风暴	0	17	6	0	0
极端高温事件	37	34	4	1	2
热带气旋事件	60	0	19	8	1
极端干旱事件	4	0	1	4	0
其他风暴事件	3	0	0	0	0

1.基于简单气候统计的极端天气风险

热浪和寒潮等极端天气风险事件往往会引发公共卫生安全问题。研究表明，伴随热浪或寒潮的发生，事发地区的人口死亡率会出现短暂的上升，例如，2010 年 6 月至 8 月俄罗斯新增死亡人口中，有 55736 人的死亡是由热浪导致的。此外有研究发现，与寒潮有关的死亡率上升往往发生在处于温带地区的国家，寒潮会增加季节性呼吸道感染的发生率；热浪则会提高中暑或机体热应激的概率，诱发心血管疾病，如心脏病或中风等（Curwen & Devis，1988）。赛门扎等（Semenza et al.，1996）通过分析热浪持续期间死亡人员的人口学变量发现，老年人群是热浪持续期间死亡高发群体。由于老年人的温度调节功能衰退、平均免疫水平较低，常因极端天气产生机体不良症状或季节性疾病，甚至诱发重大疾病。此外，医疗系统会出现季节性的超负载运转，这也会导致相应地区的人口死亡率上升（Kilbourne，1992；Keatinge et al.，1986；Drinkwater & Horvath，1979；Mackenbach et al.，1997；Vassallo et al.，1995）。除了年龄，热浪和寒潮等极端天气风险事件引发公共卫生安全问题的严重程度，还与人口数量、性别、疾病易感性、社会经济发展水平等因素有关，这为不同国家或地区针对这类极端天气风险事件制定应对方案提供了重要参考（McMichael，2003）。

2.由特殊事件驱动的极端天气风险

洪涝、飓风等由特殊事件驱动的极端天气风险事件，其导致的公共安全问题首先体现在对公共设施、农作物以及人身财产安全的直接损害上。据统计，2000—2021年全球极端洪涝事件共造成13.71亿人次受灾，超过了其他极端天气风险事件的受灾人口总和；飓风造成的死亡人数为18.21万人，直接经济损失为6545.5亿美元。极端干旱造成的公共安全问题相对复杂，气象领域更关注降雨量低导致的生态循环问题，农业领域更关注干旱对作物生长的影响以及由此引发的粮食安全问题，水文领域更关注地表和地下水不能正常供应带来的问题，社会经济领域更关注缺水导致的社会问题、经济问题、政治问题等。此外，旱涝的破坏性存在滞后特征，水资源的变化会对人体健康造成影响，引发公共卫生安全问题。例如，干旱会导致受灾地区的贫困人群出现营养不良的状况，又由于缺少非饮用生活用水导致卫生问题，引发霍乱等流行病；洪涝灾害过后，水资源往往会受到不同程度的污染，导致疟疾、腹泻等流行病的感染率上升。

（二）极端天气风险事件的应对

如何应对极端天气风险事件，不仅是重大科学挑战之一，也是公共安全领域必须面对的问题。要有效应对极端天气风险事件，首先应做好风险事件发生前的预测和预警、应对计划的制订、应急资源的调配等工作。目前，气象学已经能够对飓风、洪涝等存在明显征候的极端天气风险事件的成因和发展过程进行相对准确的分析，但还无法对干旱等不存在明显征候的极端天气风险事件进行准确预测，只能根据不完善的数据分析为预案的制定提供参考。因此，要想做好风险事件的预测，就必须完善相关技术。风险事件发生前的准备工作以及发生后对相关问题的处置，则需要以数据为基础进行决策。例如，尽管无法准确预测干旱发生的具体时间段，但是能够根据季节性或年际变化规律预测干旱发生的大致时间范围，以建立逐级预警和应对机制，从而减少干旱带来的不利影响。在飓风、强降雨等极端天气多发地区，可以根据当地的灾害数据，建立损害函数分析的数据库，结合地貌、人口、基建设施分布等情况分析风险等级，评估预防成本，在风险事件发生前做好风险预警、应对计划的制订、应急资源的调配等准备工作，从而最大限度地减小极端天气风险事件的影响。

二、气候变化适应风险

与减缓气候变化相比，适应气候变化是更现实、更紧迫的全球性挑战。当前全球对气候变化的适应能力还不强，由此面临气候变化适应风险。分析气候变化适应能力的影响因素及其与气候变化适应风险的联系，有助于社会系统在适应气候变化的过程中，提升调节潜在风险的能力，增强应对风险事件时的韧性。

（一）气候变化适应及其能力的影响因素

气候变化的趋势难以抑制，适应性战略被视作减缓气候变化过程中的必要补充。联合国政府间气候变化专门委员会（IPCC）将与气候变化有关的适应定义为：在自然或人类社会系统中对当前或预期的气候变化及由其带来的负面影响进行调整，从而减轻损害或寻找问题解决的机遇。IPCC还将与气候变化有关的适应能力定义为：一个系统适应气候变化（包括一般气候变化和极端天气风险事件）以控制潜在损害、寻找问题解决机遇或应对后果的能力。IPCC初步确定了能够影响国家或地区的气候变化适应能力的因素，包括经济状况、技术、社会群体的知识和技能、基础设施、机构等。

（二）气候变化适应能力不足导致的风险

经济状况是国家和地区气候变化适应能力的决定性因素，与其他因素存在密切联系。人们普遍认为发达国家拥有更多可用以提高气候变化适应能力的资源，从而降低气候变化的适应风险。由于发展中国家没有更多资源向提高气候变化适应能力倾斜，政府制定适应性政策的可行性也就受到了限制，在面对这类风险事件时就具有相对更大的脆弱性。例如，由于相对缺乏维持身体健康的资源，发展中国家的低收入群体容易受气候变化影响而产生健康问题，一些流行病会对发展中国家的社会发展造成更显著的影响。

拥有适应性战略涉及的相关技术，有助于提升气候变化适应能力，降低气候变化适应风险，包括风险预警系统和污染控制系统、制冷或供暖设备、病毒防控及疫苗接种措施、公共卫生相关技术等。如果适应气候变化的相关技术不够成熟，就会引发公共安全问题。另外，国家、地区及个人对这些技术的可获得性是有效降低气候变化适应风险的关键，这往往与社会经济发展的状况相关。

一般来讲，社会群体掌握的气候变化相关知识越丰富、应对极端天气风险事件的技能越多，整体气候变化适应能力就越强，在面对由气候变化引起的公共安全问题时就会表现出更强的韧性。埃塞俄比亚是受气候变化影响最严重的国家之一，研究发现，在埃塞俄比亚开展针对气候变化的教育活动，能够帮助社会群体消除面临极端天气风险事件时的无助感（Gower et al.，2012）。

除了社会群体的知识和技能，管理部门与社会群体的沟通也十分重要。李斯纳等（Lissner et al.，2012）发现，相较于通过专业的知识模型来评估热浪危害，利用互动式沟通工具，加强管理部门与社会群体、各管理部门之间的沟通，更有助于增加社会群体应对气候变化的知识储备，提高管理部门对风险事件的协同响应效率。社会结构中多层次或跨部门的合作，往往比在典型气候变化问题上的针对性策略更能提高社会系统对气候变化的适应能力。

完善的基础设施是社会群体直面气候变化风险事件时，防范重大社会安全问题的第一道缓冲带。国家、地区以及对应的社会群体对气候变化的适应能力随着基础设施建设水平的变化而变化，因此应有针对性地加强相关基础设施的建设。例如，部分常因季节性强降雨引发洪涝灾害的地区应加强防洪基础设施建设；部分常暴发寒潮或热浪的地区则有必要提升供暖或制冷基础设施的普及率；由于气候变化往往与流行病存在密切联系，在气候多变且流行病高发的地区加强公共卫生基础设施建设也是十分必要的。不过，基础设施能够发挥的作用相对有限，洪涝、飓风等极端天气变化导致的风险事件往往会大规模破坏道路、桥梁、排水系统以及公共卫生基础设施等，会直接阻碍灾后救援工作的开展，会在短时间内损害社会系统对气候变化的适应能力（Kovats et al.，2001；Patz et al.，2000）。

各级机构是组织、统筹和发挥公共资源效能的关键。有效的制度和管理方式，有助于合理利用公共资源，指导各级机构做好风险事件预防工作，以及风险事件发生后的紧急应对工作。例如，在强降雨或长期干旱来临之前，相关机构应当紧密合作，做好预防工作，从粮食储备等方面考虑强降雨或长期干旱来临后的应对策略。一旦风险事件暴发，各级机构就要积极响应，既要严格按照先前的策略开展工作，又要随机应变以应对复杂多变气候带来的公共安全问题。

此外，对于各级机构，在极端天气变化风险事件发生后公平、合理地分配社会资源也是提升适应能力的关键（Toth，1999；Rayner & Malone，2001）。

综上，对气候变化的适应是一个涉及诸多因素的过程，社会系统需要综合考虑各种因素，建立应对气候变化负面影响的缓冲机制，提高气候变化适应能力，降低气候变化对公共安全的危害。

三、自然灾害风险

受气候变化影响，洪涝、干旱、极端气温、野火等自然灾害发生频率逐年增加。分析自然灾害风险的特点以及致灾因子、承灾体和孕灾环境之间的内在联系，能够为科学管理自然灾害风险、减少自然灾害风险带来的损失、构建与时俱进的自然灾害风险评估体系提供理论依据。

（一）自然灾害风险的定义及特点

自然灾害风险是指不确定的自然灾害事件对人类可持续发展的不利影响。自然灾害风险具有6个特点：一是广泛性与区域性。广泛性是指自然灾害的分布范围很广，例如风暴可能发生在全球任何一个区域。地理环境的区域性特征又决定了自然灾害的区域性，例如沙漠地区几乎不可能发生洪涝灾害。二是频发性和不确定性。全球几乎每过一段时间都会发生一次自然灾害，且自然灾害发生的时间、地点和规模等都有很大的不确定性。自然灾害频发且很难找到规律，这给灾前预防工作带来了困难。三是周期性和独立性。就某一地域而言，干旱、洪涝等自然灾害的发生往往呈现出一定周期性，灾害发生过程、损害结果存在不可重复性，这给抗灾和灾后重建过程中应对公共安全问题带来了困难。例如，印度作为全球范围内洪涝暴发频次最多的国家之一，其北部地区每隔一段时间就会出现强降雨，导致恒河流域附近的邦区发生洪涝灾害，但每次洪涝灾害发生的过程以及造成的损失都是不同的。四是联系性。自然灾害的联系性体现在：区域之间存在联系性，例如南美洲的厄尔尼诺现象可能会导致全球气象的紊乱；某些自然灾害互为条件，例如热浪很有可能成为干旱的诱因，而干旱也可能引发热浪。五是严重性。与气候有关的自然灾害造成的总体经济损失较大，且往往伴随一系列公共安全问题，但不同类型的自然灾害的破坏程度不同：洪涝灾害发生的频次通常较多，伤亡人口也通常较多；风暴灾害造成的直接经济损失通常较大；干旱灾害影响的人口通常较多；极端气温事件发生的频次通常较少，但平均每次造成的直接损失通常较大；野火造成的经济损失通常较小。六是不可避免性与可预防性。人类无法完全避免自然灾害，但能通过科学技术做好预防，最大限度地降低灾害损失。

此外，自然灾害风险还包括地震、火山爆发等与气候无关的自然灾害风险，具有成因复杂、破坏性大且难以防范的特点。

（二）自然灾害风险防控的三个方面

针对与气候相关的自然灾害风险展开的研究主要集中在以下三个方面：

一是寻找致灾因子，做好风险预防。自然灾害风险形成的前提条件是灾害的暴发，如洪涝、风暴等自然灾害是否发生从根本上决定了灾害风险是否存在、风险的大小以及产生何种影响。致灾因子可以看作能够导致气候环境异常变化的各类因素。当致灾因子变得活跃并聚集在一起时，灾害暴发的可能性就会增加，致灾因子聚集得越多，灾害暴发时的危险性就越高。针对致灾因子的检测和评估，有助于人们预判自然灾害风险的性质和破坏性，进而制定有针对性的预防措施，降低自然灾害风险带来的损失。

二是分析承灾体，寻找提升其对抗灾害能力的方法。承灾体是指自然灾害指向的对象，一般包括人和各类社会资源。承灾体在自然灾害风险暴发之前主要表现出暴露性和脆弱性两大特征。暴露性是指承灾体在自然环境中受时空动态变化影响表现出的显现程度，属于外在属性；脆弱性是指承灾体在面对自然灾害时拥有的有限的应对、抵抗和恢复能力，属于内在属性。脆弱性是承灾体最本质的特征，分为自然脆弱性（自然灾害引发人员伤亡、资源损害等问题的程度）和社会脆弱性（自然灾害发生时社会系统的内在表现状态，如是否恐慌等）。综合地域、基础设施等条件分析承灾体的特征，针对降低承灾体的暴露性和脆弱性制定相应策略，有助于提升社会系统的气候变化适应能力，在应对自然灾害及其带来的公共安全问题时表现出更强的韧性。

三是监控孕灾环境，准确预测自然灾害的破坏程度。孕灾环境包括复杂的自然环境与社会环境，不同环境之间一系列能量流动和循环变化的过程可能孕育灾害。因此在分析自然灾害风险的性质时，既要考虑致灾因子、承灾体，也要考虑孕灾环境。

严重的自然灾害过后，受灾者通常会出现焦虑、压抑等心理问题，更严重的会出现创伤后应激障碍。此外，自然灾害往往会引发舆情，十分考验政府的应急管理能力。因此，在抗灾救灾期间以及灾后，除了从物质层面上解决自然灾害带来的显性公共安全问题，还要关注受灾群体的心理健康以及社会舆情，避免出现次生的隐性公共安全问题。

四、水危机

近年来，随着水资源的过度开发、不合理利用以及严重污染，水危机正以各种形式在全球范围内暴发，成为威胁人类生存与发展的重大挑战。明确各类水危机的特征，以及水危机管理的阶段和措施，有助于做好对水危机的事前预防、事中处理以及事后评估与危机解除工作，防控水危机带来的风险。

（一）水危机的定义及其分类

水危机是指自然灾害、社会或经济异常等突发事件对正常的水供给或水灾防御秩序造成威胁的一种紧迫形势。按照危机与水的关系，可以将水危机划分为直接水危机和间接水危机。直接水危机是指直接影响或破坏水安全的突发性公共事件，包括天灾和人祸两类。暴雨、洪涝、干旱、地震等突发性自然灾害对水灾防御稳定性和水资源的有效供应进行破坏，属于危害社会公共安全或人身财产安全的天灾；水环境污染、人为破坏水利工程等人的主观行为直接危害水安全，进而危害社会公共安全的行为属于人祸，如工厂向水域排放污水等。直接水危机有一定的可预见性，可以根据以往的灾害管理经验做好预防（张雅琪，2013）。间接水危机是指那些看似与水无关，实则会间接破坏水安全的突发公共事件。例如，战争中水库或水坝被破坏，不仅会对水域下游的居民安全造成威胁，还会导致水资源受到污染。暴发间接水危机虽然可能性较小，但是随机性较大，难以根据以往的灾害管理经验来判断其规律并进行预防。此外，根据水危机产生的原因和水利工程的技术特征，又可将水危机分为洪涝危机、缺水危机（干旱）、水污染危机、水利工程事故危机、地质灾害导致的水危机等。

（二）水危机的管理

水危机往往会引发公共安全问题，因此政府机构需要对水危机进行管理。水危机管理一般是指行政主管部门根据职责范围，对可能发生、正在发生或已经发生的水危机事件进行预测、监督、控制、协调处理的过程。水危机管理通常可分为三个阶段：事前预防（检测、预警以及预防、预控）、事中处理（应急预案、紧急决策、应急处理）、事后评估与恢复（管理调查、评估评价、恢复重建）（张雅琪，2013）。事前预防阶段需要针对水危机建立预防体系，通过预测和预先干预防止水危机发生或减少危机事件导致的损失。与直接水危机相关的预防体系一般包括修建水库和堤坝、设置蓄洪区、水量调度、水文监测等措施，以及针对人为破坏水安全的行为进行立法、监督等措施。由于间接水危机的可预见性较弱，很难建立相关的预防体系，所以间接水危机的管理重点在事中处理、事后评估与恢复这两个阶段。事中处理指水危机暴发时，对水危机影响的范围和危害程度进行有效控制，从而减少危机对公共安全的影响，使社会从混乱秩序中恢复稳定。事中处理是水危机管理的核心，包括收集信息、建立管理和调度机制、确定解决方案、展开指挥调度、执行解决方案等环节。事后评估与恢复是水危机管理中不可或缺的部分，只有充分做好危机发生后的评估工作，才能找到危机产生的原因，分析事前预防与事中处理阶段的不足，进而制定更加科学、完善的预防措施，改进危机管理办法，提高危机应对能力。

要让水危机管理更加科学、合理、有效，就必须构建一整套涵盖组织管理、法律法规、信息采集与预测、资源筹集与调度、技术储备与应用等诸多方面的保障体系，如此才能最大限度地防控水危机带来的公共安全风险。

五、生态系统风险

当前全球生态系统正面临前所未有的威胁，生态系统风险问题日益凸显，已成为全人类面临的重大挑战之一。从森林砍伐、水源污染到气候变化、生物多样性降低，生态系统的稳定性正在全球范围内受到严重冲击，不仅影响人类的生存和发展，也危及地球其他生物的未来。在此背景下，通过分析生态系统风险的特征、建立生态系统风险评价体系，探讨生态系统风险的驱动因素和潜在后果，进而有效管理和预防生态系统风险，显得尤为重要。

（一）生态系统风险的定义

生态系统风险是外界因素（又称风险源）对生态系统、种群或景观的结构、功能、可持续性及稳定性造成的损害，一般是指对某个生态系统、种群或景观的健康、生产力、遗传结构、经济乃至美学价值的破坏（Kelly & Levin，1986）。造成生态系统风险的原因包括自然原因、社会经济原因以及人类生产实践的原因。自然原因包括全球变暖引发的水危机、水土流失、土地沙漠化等；社会经济原因涉及多个方面，例如城市化进程过快，导致严重的大气污染；人类生产实践的原因包括过度开发水电资源以及对水资源的破坏，影响了水域生态系统的自我调节功能。

（二）生态系统风险的特征

付在毅和许学工（2001）认为生态系统风险是一种较为特殊的风险，它除了具备一般风险概念的含义外，还包括4个主要特征：

一是不确定性。生态系统具有何种风险及其风险源是不确定的。主要表现为生态系统风险发生的时间、地点、强度和范围都无法被准确预测,只有掌握已发生的灾害的相关信息(发生概率、破坏性等)才能预测生态系统可能发生哪种类型的风险及其强度。如果生态系统内没有发生过此类灾害,便无法对其进行分析。

二是危害性。生态系统风险评价所关注的只是风险源对生态系统、种群或景观等承灾体产生的负面影响,而不关注这些风险源带来的正面影响。例如,台风过境时会减少植被覆盖率从而影响生态系统结构的完整性,过度降雨可能破坏生态系统的正常循环。尽管台风过境带来的降水也可能缓解旱情,但这不属于生态系统风险研究领域关注的重点。

三是内在价值性。在分析生态系统风险时,应考虑生态系统自身的价值和功能,例如生态系统结构的完整性受损,除了会导致人类社会的可用自然资源减少,还可能带来生物多样性的丧失、生态位的破坏、生态系统稳定性的降低等负面影响,威胁人类生存和发展。只有重视生态系统风险的内在价值性,才能准确评估生态系统风险类型及影响程度。

四是客观性。任何生态系统都不是自我封闭且一成不变的,而是时刻处于动态变化的过程中,并且受诸多不确定因素影响。风险客观存在于生态系统中,不以人的意志为转移。

(三)生态系统风险评价

生态系统风险评价是了解、管理、预防生态系统风险的重要手段。美国国家环境保护局1992年提出的生态系统风险评价体系和指南,将生态系统风险评价定义为:评估一个或多个外界因素(风险源)作用下的生态系统、种群或景观出现负面影响的可能性的过程。生态系统风险评价一般有两种方式:一是定性评价,评价的重点在于预测风险源是否会在未来对生态系统产生影响;二是定量评价,即精确量化各种风险源对生态系统可能产生的负面影响。

生态系统风险评价一般包含问题表达、暴露与影响分析、风险表征三个阶段。问题表达分为三个步骤：首先是整合生态系统风险评价的背景、生态系统的基本特征和现状、历史评价中的参考数据和信息、主要压力源与风险因素、可行方法和技术等有效信息，明确评价的重点和范围，然后根据所获得的信息确定评价目标与概念模型（包含评价期望），最后提出相应的风险评价计划。暴露与影响分析分为三个步骤：第一步是确定关于生态暴露、风险效应、生态系统以及受体特征的数据，类似于分析自然灾害风险的致灾因子；第二步是进行数据分析，从而描述在概念模型中潜在或真实的生态压力暴露和生态系统反应；第三步是根据数据分析的结果建立暴露框架和风险-反应框架。简单来讲，暴露与影响分析就是确定风险概率及承灾体潜在损失并对其进行分析的过程。风险表征是对暴露于各类风险源下的负面生态效应的综合分析与描述，包括风险结果估算、评价等。风险表征的实质是对前述步骤中暴露与影响数据的整合及综合计算，进而得到最终的生态系统风险估值。想要对风险进行全面表征，不仅需要清楚表达估算结果，重申评价的适用范围，还要阐明主要假设并对不确定性因素进行归整，提出合理的风险评价建议。

随着气候变暖等全球性问题频发，生态系统风险事件逐年增加，生态系统风险的管理已经刻不容缓。建立生态系统风险评价体系，灵活运用各种数据、信息，能够为生态系统风险管理提供风险事件预警信息，并以此为依据制定环境政策，有利于降低生态系统风险事件发生频率，维护生态系统的稳定性。

第二节　社会风险事件与公共安全

社会风险是社会管理中威胁社会稳定的风险，具有人为性和不确定性的特点。近年来，这些风险在数量、种类和影响力上都呈现出递增的趋势，给社会的稳定与发展带来了前所未有的挑战。本节从食品安全危机、流行病暴发、健康问题和经济风险四个方面论述社会风险事件与公共安全之间的关系。

一、食品安全危机

食品安全问题关注度高、涉及面广，关乎民众的生活质量和身体健康。维护食品安全是维持社会公共安全的重要方面。食品安全危机如处置不当可能引发信任危机，影响社会稳定。除了被公众广泛关注的食品安全外，粮食危机也是引发食品安全危机的潜在问题之一，下面从食品安全和粮食危机两个方面阐述食品安全危机与公共安全之间的关系。

（一）食品安全

1996年世界卫生组织对食品安全的定义是"保证在生产和使用食品时，不会危害消费者的身体健康"。食品安全主要涵盖农业安全和水产业安全，现已作为非传统安全问题被纳入公共安全体系，体现了其重要地位。食品安全领域虽然较少发生大量危害生命或损失财产的突发事件，但这一领域的隐患会从生理、心理、社会三个层面对个体和社会产生持续影响，滋生复合型问题（赵鹏，2015）。从生理层面来看，食品行业产业链长，食品源头多样，由食品安全引发的公共卫生事件也随之表现出复杂多样的特点。从心理层面来看，人们对食品安全的心理反应存在非理性因素，由此产生的不信任感容易引发心理健康问题。对韩国人健康指标和生活质量的研究发现，对食品安全的不信任感是导致心理健康问题的诱因之一（Chung et al.，2016）。从社会层面来看，食品行业从生产到消费所产生的风险还可能蔓延并转化为社会风险。伯格等（Burger et al.，2014）通过估算鱼类的甲基汞暴露程度，发现人食用寿司中的鱼类会增加汞暴露风险。不难看出，从不同角度研究食品安全问题并提出相应的风险管理措施是食品安全领域的重要课题。

食品安全多维度、多层面地受到自然环境和社会环境的影响。

从自然环境角度看，食品安全受到土壤质量、水质和空气质量等多种因素的影响。土壤中的重金属、农药残留等污染物会通过植物吸收进入食物链，进而影响食品安全。水源污染同样会导致水中的有害物质进入鱼类、贝类等水生生物体内，进而传递到我们的餐桌上。空气中的污染物也会通过降雨等途径进入土壤和水体，间接影响食品安全。例如，火山爆发释放出的砷进入大气循环，导致食品原料中砷含量升高，人食用由含有高浓度砷的原料制成的食物可诱发皮肤癌、膀胱癌等疾病。从社会环境角度看，相关机构的监管在保障食品安全中发挥着重要作用。严格监管能够确保食品生产、加工、流通等环节的卫生和安全，降低食品安全风险。相关机构对食品安全的关注与日俱增，制定多项法规及措施保障食品安全。国际食品法典委员会（CAC）制定了针对食品相关风险的管理体系，包含风险评估、风险管理和风险沟通三项措施，这三项措施有助于政府系统应对食品领域的各类风险，为食品行业的稳健发展提供保障。风险评估包含危害识别、危害特征识别、危害暴露评估和风险特征描述四个环节，旨在量化潜在风险并确定最终风险水平。风险管理以保护个体健康为前提，考虑风险评估及贸易公平等要素，协调和权衡所有备选方案，选择合适的预防和控制方案。风险沟通指各方人员在风险评估过程中就相关因素、研究成果和风险认知等方面交换信息，包含风险评估结果解释和风险决策。开展食品安全领域的风险分析，有助于推动食品标准的制定，解决可能由食品供应系统故障导致的食品安全问题，同时为食品安全监管人员的决策提供支持。

消费者对食品安全的信任在风险管理中扮演了重要角色。这种信任程度影响消费者的购买决策，也影响食品行业的稳定发展。当消费者对食品安全高度信任时，他们更可能积极参与食品市场，促使食品企业自我规范和自我完善，提升整个行业的食品安全水平。相反，若消费者失去对食品安全的信任则可能导致市场动荡，对社会稳定造成影响。消费者的反馈能够为企业和政府提供宝贵的市场信息，有助于识别和解决食品安全问题，完善风险管理策略。维护消费者对食品安全的信任是风险管理的关键，需要企业和政府共同努力。

（二）粮食危机

粮食问题是当今世界面临的重大问题之一。联合国粮食及农业组织（FAO）、世界粮食计划署（WFP）等机构共同发布的《2023年全球粮食危机报告》显示，全球约有7.35亿人面临饥饿，其中非洲、北美洲和欧洲粮食安全状况恶化。报告认为，经济冲击和极端天气是造成严重粮食短缺和民众营养不良的主要原因。从全球范围来看，任何一个体系的粮食安全都至关重要，必须保证人们在任何时候都能获得安全及充足的食物以维持健康和积极的生活（Jose & Kopainsky，2019）。当市场难以满足人口的食物需求时，极易引发社会公共安全问题。例如，1972年大规模厄尔尼诺现象导致东南亚旱稻产量锐减，印度尼西亚、泰国和菲律宾的情况尤为严重，粮食价格不断上涨，甚至出现了民众争夺粮食的现象。当年冬小麦和玉米等作物同样受到严重影响，世界粮食产量严重下降，给一些国家和地区的人民生活带来很大影响（Timmer，2010）。

随着社会化进程的不断加快，食品行业也在追求高效率发展，但这种追求有时会使人们忽视完善的食品体系在食品供应系统中的关键作用（DeLind & Howard，2008）。为应对粮食危机带来的公共安全风险，联合国粮食及农业组织提出唯以城乡连续体的视角，才能体现城市化对农业粮食体系的塑造作用。我国的粮食安全观是"确保谷物基本自给、口粮绝对安全"。我国粮食产量总体基本能够满足全国人口需求，但也表现出"一多三少"的问题，即总量多、人均占有量少、优质耕地少以及耕地后备资源少。全球粮食产能不均衡的问题也使我国粮食贸易危机加剧。因此，我国确立了国家粮食安全战略，即"以我为主、立足国内、确保产能、适度进口、科技支撑"。

二、流行病暴发

流行病仍然是当今世界面临的主要健康威胁之一。流行性病毒通常由动物流感病毒引起并传染给人类，流行性病毒频繁的基因突变和基因重组，使流行病预测越发困难（Kelland，2017）。流感病毒诱发的细菌感染既增加了疾病治疗难度，也增加了患者的死亡风险（Morens et al.，2010）。例如，西班牙大流感中95%的死亡人群都出现过细菌感染并发症（Morens et al.，2008）。部分流行病致死率高，会对社会稳定造成严重影响。流行病暴发不仅导致传染性病毒的广泛传播，还会引发人们对流行病的不良心理反应。制定流行病暴发的预防及预后策略是保障社会公共安全的重要举措。

（一）流行病暴发的特征

流行病暴发的主要特征是不确定性、混乱感和紧迫感。在流行病传播早期，病毒的传播方式、感染症状、病毒变异的速度和方向等都存在不确定性，这导致人们无法准确评估自己所面临的风险，也无法预测疫情的未来走向，从而引发公众的焦虑和恐慌情绪。混乱感则源于疫情对社会造成的影响。流行病暴发导致个人作息时间紊乱、社会隔离等情况发生（Shultz et al.，2015），医疗资源紧张、物资短缺、社会秩序混乱等问题也会出现，而人群的流动性使流行病暴发地点难以预测，种种现象使人们在面对流行病暴发事件时产生了混乱感。紧迫感则与疫情严重性和病毒快速传播的特点相关。这要求政府、企业和公众迅速响应，采取科学、有效的措施。政府要制定紧急预案，调配资源，加强防控；企业要调整生产策略，保障物资供应；公众要遵守防疫规定，做好个人防护。这种紧迫感在让人们感受到疫情严重性的同时，也促使人们团结一致，共同应对疫情。

（二）应对流行病暴发的公共安全管理

流行病暴发期间，公共卫生的首要目标是尽快控制疫情，将疫情对社会生产的干扰降至最低，风险沟通是实现这一目标的重要手段（Barry，2009）。风险沟通指以帮助公众保护自己的健康和安全为目的，向公众提供他们应知晓的信息。世界卫生组织在2008年发布的《疫情暴发沟通计划指南》中提出了流行病暴发期间进行风险沟通的注意事项：不论掌握的信息是否完整，政府都应尽早阐明流行病发展情况以减少谣言和错误信息的传播；向公众提供关于科学防护的各项措施；始终保持透明度，维护公信力；时刻关注疫情发展情况并了解公众对疫情的看法；评估应对计划和进展情况，确保措施落实到位。

要使风险沟通行之有效，就必须保证信息的可信度。有研究发现，当信息满足以下条件时会更具有可信度。第一，人们愿意听取公共卫生机构的建议并采取防护措施，以避免疾病引发的严重后果。第二，人们认为自己易受感染。第三，公共卫生机构具备公信力并能提供有关疾病的准确、充分的信息。第四，人们认为实施建议措施并不困难（Kanadiya & Sallar，2011）。流行病暴发期间，信息的公开透明有利于公共安全管理的各项措施顺利推进。对于部分已感染或可能感染的人群，要及时采取隔离和检疫措施，控制病毒传播。另外，公共场所是病毒传播的高风险区域。要对公共场所定期消杀以遏制病毒的大范围传播。公共卫生机构应鼓励民众在公共场所保持社交距离，避免不必要的聚集。公共卫生机构一般从逻辑和情感两方面说服公众采取适当行为（如接种疫苗等），在逻辑方面通过事例和统计数据促使人们做出改变，在情感方面则使用生动、具体的个人化形象向公众传达与疫情防控相关的信息（Kim & Choi，2017）。

我国已开始探索与医疗相关的公共安全治理体系的现代化转型之路，采用现代化治理工具实现更完善的公共安全治理。例如，杭州市进行医院公共安全治理数字化改革，运用防控大脑平台等数字化平台，推动常态化公共安全管理系统构建。

（三）流行病暴发期间的社会心理压力

流行病的暴发容易使公众产生心理压力。2009年美国猪流感大流行期间，尽管犹他州的流感感染率较低，但公众对此仍保持了高度关注。那段时间急诊室接收的患者数量大幅增加且患者以儿童为主（McDonnell et al.， 2012）。由于幼儿易感染，父母很容易将幼儿咳嗽、鼻塞等与流感类似的症状误认为是猪流感的症状，并产生对流行病即将到来的焦虑情绪。又如，2014年至2015年西非埃博拉疫情暴发期间，部分人群的"疫情恐惧"情绪不断蔓延（Desclaux et al.， 2017）。即使埃博拉病毒在美国几乎没有传播风险，但美国民众依然存在对埃博拉病毒的过度恐惧（Kilgo et al.， 2018）。

伴随流行病产生的压力也可能会引发或加剧精神障碍，包括情绪障碍、焦虑症和创伤后应激障碍（Shultz et al.， 2015）。与流行病相关的创伤后应激障碍的应激源往往与患者死亡事件有关，如暴露于大范围患者死亡事件中、直面亲属死亡等。统计数据显示，当前与流行病相关的创伤后应激障碍发生率较低，但也有部分人会反复、详细地回忆自己在流行病暴发期间产生的压力，这表明他们出现了创伤后应激障碍的再体验症状。

与流行病暴发相关的心理反应模式十分复杂。有些人对这种社会压力具有较强的适应能力，能够在流行病结束后很快恢复心理状态。有些人在面对流行病暴发事件时会变得高度恐惧或焦虑，产生持久的情绪反应或出现创伤后应激障碍。因此，关注社会心理压力尤为重要。

三、健康问题

当前，健康问题已成为影响社会公共安全的关键因素。国民健康水平不仅关乎个人福祉，更关系到国家的生产力与国际形象。政府须从多个层面出发，加强健康管理与公共卫生建设，以保障国民健康，维护社会公共安全。

（一）公共健康

研究者往往将影响公共健康的要素划分为物理因素和社会文化因素两大类。物理因素涵盖了自然环境、居住环境等因素。自然环境因素主要包括海拔、纬度、气候等。在全年气候湿热的国家，寄生虫病和传染病是主要的公共健康问题。土质差等因素导致粮食产量不足，人们的营养摄入不足，身体质量指数也处于较低水平。而在寄生虫病和传染病较少、食物供应充足的温带国家，肥胖症和心脏病是更突出的公共健康问题。自然环境质量与人类活动息息相关。许多专家认为，如果允许人口无节制地增长，消耗不可再生的自然资源，人们的居住质量将不断下降。因此政府必须控制土壤、水和空气的污染。同时，政府还要考虑居住环境对公众健康的影响。居住环境因素包括交通系统、娱乐设施、健身场所等。良好的居住环境有助于维持人们的健康状态，营造稳定的社会公共环境。社区规模与公共健康存在关联性，社区规模被充分利用也体现了社区有效规划和利用资源的能力。社区越大，社区环境对人们健康的影响范围越广，相关资源也越多。较大的社区一般拥有更多的卫生专业人员和更好的卫生设施。同样，工业发展程度与规模也和公共健康存在关联性。工业发展能够为公共健康计划提供更多资源，但也会造成环境污染，影响当地居民的身体健康。

社会文化因素指与个人或群体之间的互动有关的因素。例如，相比于农村居民，城市居民与压力相关疾病的发病率较高。此外，农村居民可能无法获得与城市居民同等质量的医疗保健服务。传统观念也会影响与公共健康相关的公共设施建设或公共卫生条例。例如，城市居民对运动的看法会影响政府对健身步道的建设，对吸烟的看法会影响禁烟条例的制定和执行。社会规范对公共健康的影响会随时代的变化而变化。以吸烟为例，在20世纪四五十年代，人们可以接受在公共场合吸烟的行为，而自21世纪以来，大多数公共场合正在逐步推进禁烟条例，说明人们对吸烟及吸烟可能带来的健康风险有了更清晰的认识。

（二）国民健康

健康的国民群体能够有效提升社会整体安全水平，减少疾病传播、减轻医疗压力，并促进社会的稳定发展。同时，良好的社会公共安全文化也为国民健康提供了保障，通过法律法规的制定和执行、安全意识的提升以及公共服务的完善，保障了人们生活和工作的安全，有助于预防疾病和意外伤害，提升国民的整体健康水平。当前影响国民健康的主要问题有药物滥用、酒精成瘾、职业健康和工业灾难等。

导致人们过量使用酒精、烟草和药物的因素有很多。首先，基因在个体对成瘾性物质的易感性中扮演着重要角色。研究表明，一些人天生对酒精或药物具有较高的耐受性，更容易陷入成瘾的循环中。其次，社会环境的影响也不可忽视。压力大、人际关系紧张、家庭不和谐等因素都可能导致个体以滥用酒精和药物的方式逃避压力。在行为选择方面，不良的生活方式，如不健康的饮食、缺乏运动等，也增加了成瘾的风险。

职业健康作为国民健康的一部分，关系到整个社会的稳定和安全。关注职业健康问题，完善法律法规，提升工作环境安全水平，不仅保障了劳动者的健康权益，也彰显了社会的责任感和道德观念。数据显示，目前全球每年有3.17亿名劳动者遭受非致命性工伤，32.1万名劳动者遭受致命性工伤，每年因职业伤害和疾病造成的直接和间接损失达1.25万亿美元。工业领域的劳动者更容易接触到有害物质，政府应监测劳动者健康状况并及时采取应对措施。

另一个与国民健康相关的问题是工业灾难，每一次灾难都使社会公共安全体系面临极大挑战。例如，1986年乌克兰切尔诺贝利核泄漏事故、2011年日本福岛核事故都导致了严重的社会公共安全问题，原本仅限于工作环境的化学和核能风险最终演变为全社会风险。

四、经济风险

经济风险是指在经济活动中可能发生的不确定性事件，这些事件会对个人、企业和整个经济体系造成负面影响。经济风险是依据其成因来界定的，与自然风险、社会风险等其他类型的风险有所区别。例如，2002年阿根廷发生的金融危机引发骚乱，导致社会经济剧烈动荡，政局不稳。研究经济风险可以帮助政府预警风险，指导政策制定和资源配置，保障社会的稳定和安全。

经济风险也包含未来发生的事件可能给社会带来的损失或影响，但具体发生的时间、影响和程度是不确定的，这可能导致市场波动以及不稳定性增加，影响企业的经营和投资决策，进而影响就业和经济增长，对公共安全构成威胁。经济风险具有潜在性，可能导致个人或企业的财务损失，甚至导致企业破产。潜在的经济风险可能在未来演变成实际风险，及时发现和评估潜在风险对建立有效的预警机制至关重要。因此，分析潜在的经济风险有助于提前制定应急预案和措施，以便在风险事件发生时能够迅速、有效地应对，减少经济损失，保障公共安全。经济风险不仅影响个体、企业，还可能对整个经济体系产生连锁影响，其影响主体多样，影响形式多变。对企业来说，经营环境不善可能导致销售额下降、成本上升、融资困难等问题，进而影响企业的盈利能力和生存状况。社会中的经济风险可能导致企业采取裁员、减薪等措施，使失业率增加，影响社会稳定。此外，经济风险会影响消费者信心，导致消费者削减支出，影响整个社会的消费需求和市场活力。

经济风险及其衍生的危机往往会对公共安全造成冲击。例如，2022年英国能源危机引发的通货膨胀使英国经济遭受重创。首先受到影响的是就业率，大量失业人口使就业市场竞争激烈，增加了社会不稳定因素。其次，通货膨胀导致的生活成本提高增加了人们的生活压力，不仅加重经济负担，更影响人们的心理健康和社会关系。当压力累积到一定程度时，就可能导致犯罪活动增加。

面对经济风险，我们在总结历史经验教训的基础上，也应逐步提高应对经济风险的能力。我国已逐渐建立科学的监测预警机制，不断拓展监测范围并更新监测模式，确保经济金融秩序的稳定性和规范性。要构建更为精准的责任落实机制与协同介入机制，引导各类市场主体公平竞争、规范资本市场发展，以减少风险和不确定性因素。同时，加强风险教育和培训，提高公众和企业对风险的认识，增强应对风险的能力。从国际视角来看，要进一步加强国际合作与信息共享，建立国际合作机制，共同应对跨国经济风险。

第三节　人为因素风险与公共安全

人为错误、疏漏或恶意行为可能导致严重的公共安全事件，包括生产事故、公共卫生事件以及群体安全事件等，分析这些公共安全事件的特点及其人为诱发因素的特征，有助于了解人为因素与公共安全事件的关系，进而制定有效的预防和应对策略。

一、生产事故

生产事故是指生产经营单位在生产经营活动中突然发生的伤害人身安全和健康，或者损坏设备设施，导致生产经营活动中止甚至终止的意外事件。生产事故可能由设备故障、人为操作失误、管理不当、自然灾害等多种因素引发，严重影响企业生产经营活动和社会公共安全。有效的安全生产管理和预防措施能够降低生产事故发生的可能性。

生产事故可能导致人员伤亡、环境污染、财产损失等后果，严重威胁社会公共安全。如1986年的切尔诺贝利核泄漏事故是历史上最严重的核事故之一。该事故揭示了安全法规的制定和实施之间的巨大差距和人为因素导致的灾难性后果。为保障企业活动安全有序运行，必须考虑安全文化在其中的关键作用。提升组织的可靠性是加强安全文化建设的重要目标，这要求管理者在面对风险时科学调整安全标准，将组织设计、管理实践、人员培训和组织文化建设相结合，确保生产过程规范化。高可靠性组织是指拥有有效管理机制与安全预警机制的企业。高可靠性组织从组织本身角度来思考组织的事故发生率及安全管理问题，由此确立一系列原则，确保组织面对风险时能够快速恢复运作模式。

企业应加强安全生产管理，政府应加强监管执法，公众应提高安全意识，减少生产事故对社会公共安全的影响，共同维护公共安全。

二、公共卫生事件

公共卫生事件是指影响大范围人群健康的事件，如传染病暴发、食品安全事件、环境污染等。公共卫生事件具有突发性，如流行病毒一般在人们尚未意识到的时候以极快的速度大范围传播，其负面影响也持续较长时间。针对公共卫生事件的安全管理是维护社会稳定的重要手段。风险管理以预防管理的方式作为常态安全管理的起点，旨在通过提高风险管理意识、建立长效的风险管理制度以消除安全隐患，将风险事故扼杀在萌芽状态，或将风险事故的损失降到最低（焦娇，2021）。

公共卫生事件通常涉及多个领域，需要社会各方面的协同合作。因此，重大公共卫生事件的风险管理流程一般基于影响对象的特征以及对风险事件的损失评估来构建框架。以此为基础，突发公共卫生事件的风险识别可以围绕财产、人身、环境和社会秩序，遵循确定风险范围、收集信息、确定风险等级、制定并实施风险管理措施的流程展开。特别是在应对流行病毒方面，风险评估标准必须具有科学性、统一性和国际性。

随着科技的进步，人类面对公共卫生事件不再束手无策，而是能够从事件前期预防、事件暴发时处置、事件后期恢复等环节进行全方位管控，采取综合性的风险管理策略来应对公共卫生事件，维护社会安全。

三、群体安全事件

群体安全事件一般是指社会影响大的突发性社会安全事件，部分研究者将群体安全事件定义为群体性突发事件。群体安全事件具有事发突然、影响广泛、后果严重等特征，要求政府建立完善的评估和应对机制，通过定期开展风险评估、制定应急预案、加强宣传教育等方式，降低群体安全事件的发生率。

群体安全事件涉及面广，影响社会安全稳定，是公共安全管理研究的重点，也是社会稳定风险评价的重点。群体安全事件具有以下特征：人员聚集，这是事件发生的征兆；多以某个标志性事件为开端，即存在事件导火索；事件导火索存在不确定性，这让群体安全事件具有突发性特征；涉事群体的心理波动往往较大；事件大多由利益冲突引发；情况往往复杂多变，如没有及时处置，可能导致问题升级。

提升应对群体安全事件的能力，需要以责任型政府理论为基本依据、以政府绩效评估理论为方法工具、以民主决策理论为价值导向，构建较为科学完善的指标体系，将政府责任机制建设与政府绩效评估有机结合，以绩效评估推动政府责任机制建设和政府应对能力提升，建立应对群体安全事件的制度框架（翁列恩和李娇娜，2013）。在群体安全事件的评估中，应将涉事人群及重点目标单位、重点空间区域作为评估重点，分析涉事人群的诉求、所受侵害，对重点空间区域所受危害大小、影响范围、敏感程度等进行风险评估。

第二章
社会公共安全文化

社会公共安全是国家安全的重要表现，也是社会稳定的基础和前提。随着时代发展，许多新的社会公共安全问题不断出现，演化为复杂的社会文化问题。社会公共安全文化是人们关于社会公共安全问题的态度、价值观及行为方式的集合，对社会公共安全有着深远的影响。分析社会公共安全文化的本质及其作用机制，应用安全文化评估进行前馈管理，以防范各种社会公共安全问题，已成为重大公共安全管理的一个重要课题。

第一节　社会公共安全文化的理论基础

社会公共安全文化作为一种核心价值观念，深刻影响个体和群体的态度与行为，也为人们理解动态安全问题中涉及个体与群体的事故先行变量提供了总体框架。本节将介绍社会公共安全文化的基本概念和理论模型。

一、社会公共安全文化概述

在安全管理领域，20 世纪 70 年代后，人们开始意识到安全文化对社会公共安全的影响。1986 年切尔诺贝利核泄漏事故后，许多组织因素和社会因素进入安全控制研究视野，人们意识到仅靠规章制度并不能杜绝各类公共安全事件，规章制度的作用毕竟是有限的，而文化却能渗透到组织的每一个角落，使人们能够进行社会控制和自我控制。因此，国际原子能机构的核安全咨询组首次使用了"安全文化"的概念，认为安全文化是存在于组织和个体的种种素质和态度的总和。李和哈里森（Lee & Harrison，2000）认为，对安全文化来说有两点十分关键：一是在组织层面，应通过完善的措施来避免各类安全问题；二是在个体层面，强化角色行为与社会规范的结合，进而创造出共同的期望或生活方式，并传递给每个人。李和哈里森还认为组织中的个体并不是孤立地履行其职责，而是作为一个特定文化中的成员，以协作的形式开展工作。

由此可见，安全文化是指个体和群体有关安全的价值观、态度、能力和行为方式的总和，它首先保证安全问题在整个社会系统中受到重视。安全文化由两大部分组成：一是机制，即由组织政策、程序和管理行为决定的框架；二是个人和组织的集体反应，表现在人的行为、制度、精神、价值规范这四个层次。其中，价值规范是最重要的，其他各层次安全文化的目标是使个体形成良好的价值规范，这个目标的实现离不开员工"安全第一"的观念、谦虚谨慎的工作态度和精益求精的操作技术，也离不开组织对员工责任心的培养和组织的自我完善。对公共安全文化中事故先行变量的有效评估，可以为对抗人因失误、防止事故发生提供有效的预测性管理，对社会公共安全的维护和安全水平的提高起到重要的推动作用。

二、社会公共安全文化理论模型

尽管人们普遍意识到安全文化的重要性，但"安全文化"这个概念在理论上仍然不够明确。一些学者尝试从不同角度提出安全文化的理论模型，包括基尔德木德（Guldemund，2000）的安全文化层次模型、盖勒（Geller，1994）的整体安全文化模型、库珀（Cooper，2000）的安全文化交互作用模型，以及格罗特和昆兹勒

（Grote & Künzler，2000）的安全文化社会技术模型等。这些模型对安全文化影响机制研究做出了贡献。

安全文化通常分为三个层次：外层是那些可观察的行为和人工产物，包括规章制度、故事、仪式、习语等。中间层是信念与价值观，是人们行为的内在意向，是内隐的，但能被个体明确意识到，并且从各种行为中推测出来。内层则是基本意会，指难以意识到的感知、观念等，是个体在不自觉的情况下做出的直接反应，这种基本意会可以指导人们的行为，具体表现在人们的安全态度、行为、组织实践等方面（Guldemund，2000）。

盖勒提出的整体安全文化模型，将整体安全文化定义为一种集体状态，在这种状态中，每个人都对安全负责，并在日常生活中追求安全，主动识别不安全的条件和行为，并进行干预。整体安全文化模型基于行为主义原理和社会学习理论，强调控制线索和后果，以强化期望的行为、弱化不期望的行为。该模型涉及行为、人因和环境三个因素之间的交互作用。行为因素包括个体安全和不安全的行为、对安全规则的遵守、对安全和不安全行为的识别、彼此之间的沟通和"积极关心"（超越工作职责中对保护他人安全的要求）。人因因素包括个体的知识、技能、能力、动机、态度等。环境因素包括个体所处环境的设备、物理布局、温度等。有研究表明，整体安全文化可通过专业的指导来鼓励个体关注安全。目前这些方式已被盖勒及其同事广泛运用（Geller，1998，2001；Geller & Glaser，1996）。

库珀在社会认知理论模型的基础上提出了安全文化交互作用模型，该模型认为安全文化是由安全氛围维度、安全行为维度和安全管理系统维度构成的。安全氛围是安全文化的心理因素，指组织成员的安全态度、价值观以及他们对所处环境安全程度的认识，集中反映个体对安全的重视程度。安全行为作为安全文化的认知因素，体现了个体在安全生产或生活中必须具备的判断力、决策力、问题解决能力以及复杂情境中的应激能力。安全管理系统属于安全文化的背景因素，涉及组织内有关安全的政策、程序、体系以及信息沟通机制等方面。在该模型中，主观的内在心理因素（如态度和感知）通过安全氛围问卷进行评估，与安全有关的行为通过实际工作绩效进行评估，背景因素情境特征通过安全管理系统的检测或观察进行评估。同时，安全文化交互作用模型强调三个因素之间的相互作用，如库珀和菲利浦（Cooper & Phillips，2004）在一份安全行为实施方案中报告了安全氛围与安全行为之间存在显著相关。该模型由乔杜里、方和穆罕默德（Choudhry et al.，2007）进一步发展，并用于建筑行业。

特纳（Turner，1991）不仅关注安全文化的社会性质，还强调认识安全文化的社会技术性质的重要性。从社会技术系统的角度来看，在开发安全文化模型时，考虑人、技术和组织之间的相互作用是很重要的（Grote & Künzler，2000）。安全文化依赖两个关键假设：一是社会和技术子系统必须共同优化；二是系统具有从源头控制差的能力。这两个假设使有效的安全管理系统（集成社会和技术方面）和团队的自我调节（自我管理）得以实现。在此基础上，格罗特和昆兹勒提出了安全文化社会技术模型，并认为它具有以下特征：一是物质特性（外显的，但难以破译的），将安全纳入组织结构和流程，并对技术和组织进行联合优化；二是非物质特征（内隐的，被认为是理所当然的），安全应被整合到工作过程中的观念以及与社会技术设计原则相关的规范之中。格罗特和昆兹勒使用了多种方法来衡量安全文化，包括问卷调查、专家访谈和安全审计期间的工作场所观察。他们发现，这些方法可用于加深人们对现有安全规范和价值的认识。这种方法在格罗特（Grote，2008）及韦斯特鲁姆（Westrum，1993，2004）的研究中得到了验证。该研究围绕组织如何管理安全相关信息，将组织分成三种不同类型，即生成型组织、固化型组织、病态型组织。生成型组织通常积极收集信息，鼓励成员提出想法。安全是生成型组织内所有成员共同承担的责任，如果发生安全故障会展开全员调查。在固化型组织中，信息可能被忽视，新的想法可能引发问题，安全责任往往被划分，但安全故障会得到公平处理。在病态型组织中，举报者往往会被严厉对待，安全故障会被掩盖，新想法会被劝阻，安全责任会被忽视。为了发展积极的安全文化，组织需要努力成为生成型组织。

第二节　社会公共安全文化的时代背景与建设路径

社会公共安全文化建设已成为安全管理领域的一个重要课题，在新的时代背景下，安全文化的应用领域也从以企业为主扩展到社区、学校、家庭等场所。本节将介绍我国社会公共安全文化的时代背景与建设路径。

一、我国社会公共安全文化的时代背景

2018 年，我国组建了应急管理部，并将应急管理和安全生产文化建设列为应急管理部的主要职责之一（吕慧和高跃东，2021）。2019 年，习近平总书记在主持中央政治局第十九次集体学习时强调，要坚持群众观点和群众路线，坚持社会共治，完善公民安全教育体系，推动安全宣传进企业、进农村、进社区、进学校、进家庭，加强公益宣传，普及安全知识，培育安全文化。

新时代赋予安全文化新的内涵，即安全文化不仅是国家应急管理体系和治理能力现代化的体现，也是总体国家安全观、国家文化软实力的重要组成部分。在新的时代背景下，安全文化的应用领域从以企业为主扩展到社区、学校、家庭等场所（吕慧和高跃东，2021）。当前，随着自然灾害与社会风险交织叠加，各类突发事件的关联性、衍生性、复合性以及非常规性不断增强，事件防控难度增大。社会公共安全文化能够通过重塑社会公共安全理念，为安全生产和应急管理领域的社会治理提供思路。

二、社会公共安全文化的建设路径

经济社会的持续稳定发展与安全问题密切相关。作为社会公共安全文化建设的领导者、倡导者和参与者，政府应增加对安全方面的投入，为推广安全文化提供必要条件；组织协调资源，加强安全生产基础科学研究，为安全生产提供理论和技术支持；加大安全监督力度，建设职业监督团队，完善生产安全监管体系；加强安全宣传教育，通过多种宣传教育方式，营造注重安全的社会氛围（蔡少铿，2005）。

安全管理是组织管理的重要组成部分。在安全管理中，时刻监督每个成员的工作状态是困难的，但社会公共安全文化能够弥补安全管理中的薄弱环节。这就要求管理者认识到社会公共安全文化建设的重要作用，以"以人为本"的理念推动建设。管理者应激励组织成员积极参与安全文化建设，让他们意识到社会公共安全文化的重要性。

组织安全文化是每个组织自身文化和价值观的体现，它在组织内部形成，为所有成员所共享。因此，各组织应注重本行业安全生产技术的研究，建立本行业安全文化建设的评价体系，确保每个人都清楚了解安全文化建设的目标和要求，通过学习和教育让组织中的每个人都不断提高安全文化素质。

第三节　社会公共安全文化与风险管理

安全事件的发生通常存在管理失效、技术失效等多种原因。有效的风险管理方法强调将组织中个体的安全行为作为一切措施的落脚点，而良好的社会公共安全文化可以渗透到组织的每个环节，保障组织安全运行。本节将介绍社会公共安全文化的关键前因与理论构建，论述如何发挥社会公共安全文化的作用，做好综合风险管理。

一、社会公共安全文化的关键前因与理论构建

梳理社会公共安全文化的关键前因有助于我们更好地理解安全文化在生产和生活中的作用。吉伦等（Gillen et al.，2004）采用焦点小组访谈法确定了社会公共安全文化的三个前因：一是管理层对安全实践的承诺和支持；二是提供安全培训和教育，保持组织成员对安全的积极态度；三是掌握有效的领导方法，设定合理的安全目标，采取有效的激励措施。

有多项研究对社会公共安全文化的理论构建进行了分析，并在此基础上提出了改进措施。托夫特（Toft & Reynolds，2005）提出了改善社会公共安全文化的综合方法，涉及持续的管理承诺、健全的安全政策、可见的管理支持、合理的资源分配、适当的安全管理技术、对全体员工的持续激励等方面。格兰登（Glendon，2006）认为，社会公共安全文化维度涉及组织成员对安全的信任程度和关注程度、允许灵活处理各类安全问题的规则、健全的安全政策和可应用的安全管理技术等方面。

威尔逊-唐纳利等（Wilson-Donnelly et al.，2005）在研究与制造业安全文化相关信息的基础上，提出了建设安全文化的措施：得到管理层的承诺；向员工提供反馈，清晰、准确地向员工传达有关安全重要性的信号；营造学习氛围，分享信息；开发错误报告系统，鼓励讨论和记录错误；采用不同的方法检查各个层面，如多层次事故调查方法；通过安全文化培训提升员工在面对危险情况时采取适当行动的意识。

越来越多的证据表明安全干预措施的有效性。例如，旨在提高安全绩效的干预措施可显著提升组织安全文化水平（Parker et al.，1995）。这种干预措施针对安全行为的环境特征，而不是行为本身，如严格执行规则和条例。在鼓励严格执行规章制度的安全文化环境中，可能会达成"安全第一"的行为共识（Hopfl，1994）。有效的

激励措施也十分必要。人们因提供与安全相关的信息而受到肯定或获得奖励，通过对行为的激励来强化效果。尼尔、格里芬和哈特（Neal et al.，2000）认为针对安全知识和动机的干预措施，其效果优于仅以增强安全动机为目的的干预措施（如奖金和激励计划）。莫罗和克鲁姆（Morrow & Crum，1998）发现安全认知的改善可能对员工的态度、认知和行为产生积极的溢出效应。迈克尔、艾文森、詹森和海特（Michael et al.，2005）在研究安全相关变量对非安全结果的影响时发现，员工对安全管理承诺的感知与工作满意度、退出行为、情感承诺成正相关。由此可知，积极的安全文化有助于提升安全绩效，这也体现了将安全文化纳入安全管理体系的必要性。

二、社会公共安全文化作为一种安全风险管理方法

安全风险管理是指对组织或个人的安全风险进行识别、分析、评估和控制的过程，其目的是确保组织或个人能够避免或减少安全风险，并在发生安全事件时能够及时应对和恢复。提升员工的安全素质，增强风险应对能力，提升组织的整体安全水平，是一种自下而上的安全风险管理方法，能够解决管理覆盖不足的问题，从而实现安全目标。当安全作为组织价值观，被所有成员认可并遵循时，就意味着组织朝着建设积极的安全文化迈出了重要一步。

安全文化的一个驱动因素是管理层对安全的承诺，可以通过有效的安全风险管理方法来增强。虽然没有简易有效的通用计划来发展积极的安全文化，但一系列有效的安全干预措施可以反映管理层对安全的承诺。这种承诺是通过明显的管理行动体现的，向员工表明管理者是在意安全的，如安全绩效激励、安全培训、安全投资（Gilkey et al.，2003）和常态化的安全管理（Luria & Morag，2012）。重视安全文化的管理层对安全承诺的做法包括关闭不安全场所、统一执行安全标准、表扬员工的安全表现（Gillen et al.，2004）。此外，安全相关奖励和激励员工的策略也十分重要。安全相关奖励包括给予与安全绩效挂钩的奖金、派员工参加安全培训、认可安全理

念或建议（Gillen et al.，2004）。激励员工的策略包括促使管理层兑现承诺、赋权在安全方面表现优秀的员工（Vecchio-Sadus & Griffiths，2004）。管理层通过行动证明对安全的承诺，这会使员工对管理过程产生更为积极的看法。奥图尔（O'Toole，2002）证明了管理层对安全的承诺与减少损失之间存在紧密的因果关系。当员工意识到管理者努力改进安全工作，而不只是为了遵守法律法规，使监管机构满意而落实安全措施时，他们会更信任管理者。员工对管理层的信任是一个重要的变量，可以显著影响与安全相关的结果（Zacharatos et al.，2005）。

安全文化的另一个驱动因素是员工的承诺与参与。已有多项研究分析了员工承诺与安全之间的关系，并提出了提高员工安全意识的措施。维奇奥-萨杜斯和格里菲斯（Vecchio-Sadus & Griffiths，2004）提出了一些可用于提高员工安全意识的方法。一些人力资源实践有助于鼓励员工兑现对安全的承诺，如授权和分散决策。霍夫曼和莫尔格森（Hofmann & Morgeson，1999）通过社会交换模型发现，管理层对安全的承诺有助于鼓励员工通过安全工作行为来表达对安全的重视。奥图尔（O'Toole，1999）发现，提供机会并鼓励员工参与生产现场的安全流程，就可以降低误工损失的严重程度。这些都表明，员工的承诺与参与和管理层对安全的承诺有关，而管理层对安全的承诺又与生产损失率有关。

同时，安全文化环境的改善对安全文化的提升也至关重要。这在最初可能有些困难，因为在低水平的安全文化环境中，管理者往往认为员工应对损失负责，而员工则认为管理者应对损失负责。随着安全文化环境的改善，两个群体之间的分歧会慢慢减少（Prussia et al.，2003）。然而，这种信任也会受到破坏，例如，员工长期面对不可行的规则，而管理者没有采取任何行动。管理者要让安全文化的积极影响在整个组织的日常工作中发挥作用，从而鼓励建立新的团体规范并内化安全价值观。另外，员工需要被授权做出有利于安全的决定。霍普金斯（Hopkins，2005）认为，赋予员工权力意味着员工可以拒绝做他们认为不安全的工作，为此要对其进行充分的风险意识培训。维奇奥-萨杜斯和格里菲斯（Vecchio-Sadus & Griffiths，2004）认为，安全文化的一个关键组成部分是员工赋权和员工参与。员工赋权促进了员工自我价值感和归属感的形成，提高了安全性（Kelly，1996）；员工参与则增强了员工的组织认同感与组织归属感。此外，在改善安全文化环境时，群体层面的考虑也十分重要。克拉克（Clarke，2006）通过元分析发现，安全环境和工伤在群体层面上的关联性最强。

然而，安全风险管理过程也会遭遇许多阻碍。基尔中心（Keil Centre，2002）指出，在管理中最糟糕的做法是提高员工对安全改善的期望值却不能实现，因为这凸显了管理者无法改善工作条件的缺陷，安全举措会因为缺乏拥护者而失败。这进一步证明了将安全纳入主流管理的重要性，在主流管理中，安全不再被视为一种可选的额外功能。此外，根深蒂固的文化常态和员工态度也会阻碍风险管理。埃迪等（Adie et al.，2005）认为，必须使组织成员更愿意看到自己的投入和个人安全责任的相关性。伦德莫（Rundmo，2000）发现，安全高于生产的管理优先级是对违规行为的重要预测因素，而组织成员对违规行为的接受程度是风险行为的有力预测因素。普鲁士等（Prussia et al.，2003）发现，在安全环境较差的组织中，管理人员认为组织内部成员应对工作场所的安全负责。他们还发现，安全文化建设欠缺的重要表现是认为安全是组织以外的其他人的责任。霍普金斯（Hopkins，2005）在描述澳大利亚皇家空军的案例时指出，提高安全性的尝试可能会与固有组织文化的现有特征冲突。他认为有必要从基本原则开始，确定安全的关键方面以及适应方式。个体差异也不能被忽略。有些员工更具有安全意识，对其进行培训更容易取得成效。还有人指出，那些认为增加安全责任是负担而不是福利的员工可能拒绝执行涉及增强自主性的干预措施。

第三章
社会公共安全文化的机制建设

社会公共安全文化机制是守护人民生命财产安全的基石。社会公共安全文化的机制建设，是一个多层次、全方位的系统工程，需要构建完善的公共安全风险事件管理体系，确立多部门联动机制，加强风险信息的沟通与交流，从而提升风险事件的应对能力，确保面临风险时能够迅速响应、协同工作。

第一节 社会公共安全风险事件的管理体系

社会公共安全风险事件管理体系关系到社会的稳定与发展。美国在社会公共安全风险事件管理方面起步较早，积累了丰富的经验。近年来，我国在社会公共安全风险事件管理方面取得了显著进步，社会公共安全风险事件管理体系不断完善，为应对公共安全风险事件提供了坚实保障。分析中美两国社会公共安全风险事件管理体系，能够为进一步完善我国社会公共安全风险事件管理体系，提高突发事件应对能力提供参考。

一、美国社会公共安全风险事件管理体系

公共安全风险事件应急响应要求预先构建灾害应急管理框架。在"9·11"恐怖袭击事件发生后，美国政府颁布《国土安全法》

并成立国土安全部，在此基础上建立了一套较为完备的社会公共安全风险事件管理体系。

（一）国家突发事件管理系统

美国国土安全部构建的国家突发事件管理系统具备指挥和管理、筹备工作、资源管理、通信和信息管理、辅助技术、系统维护六项职能，旨在指导美国各级政府、非政府组织和私营组织防范和应对突发事件以及开展事后恢复工作。指挥和管理的任务是开展高层协同决策，为预防和应对突发事件提供政策指导，以及在突发事件发生后提供总体工作计划，统筹各项工作的执行与信息管理。筹备工作的任务是规划应急响应的方案与流程，通过实战演练来检验其有效性。对涉及应急响应的人员开展专业培训，使他们具备应对突发事件所需的知识和技能；针对应急响应工作所需的各种设备进行适应性认证。资源管理的任务是确立标准化的机制与要求，以在突发事件期间对资源进行盘点、调动、派遣、追踪，并在事件结束后进行资源回收，从而确保资源在紧急情况下得到高效利用。通信和信息管理的任务是确保各方在应急响应行动中实时、准确进行信息交换，从而高效协作，共同应对突发事件，涉及突发事件应对所需的语音、文本、视频等数据的协同传输与管理，以及确保通信顺畅所必需的信息管理。辅助技术的任务是确保信息传递更加及时准确，涉及管理和维护特定的硬件和软件系统，同时确保这些系统针对不同地域、不同事件具有良好的适应性，最终实现跨组织的协同工作。系统维护的任务是对重大风险事件应对流程定期进行监督、审查和反馈，进而优化运行流程以应对各种挑战。

（二）灾害管理机制

美国的突发事件管理系统赋予了各级政府特定的角色和责任，各级政府必须共享资源和信息。若这条反应链中的一个或多个环节薄弱，其应对灾害的能力就会受到影响。地方政府最接近灾害现场，在制定灾害管理政策方面发挥着重要作用。其职责包括做出土地使用决策、制定建筑规范，以及监管准备工作、响应工作和恢复工作（Awasthy，2009）。此外，地方政府还要制定相应的灾害管理计划（Schneider，1990），预测灾害事件级别和受灾地点，并评估该地区资源易受损的程度，在灾害发生后及时指导群众避难，落实易受损资源的避险措施，提高灾害应急响应的效率，降低损失。在美国宪法中，各州保留了处理内部事务的权利，因此州政府在灾难响应中扮演着重要角色。当地方政府无法有效应对灾难时，州政府需要介入，参与灾害处置，协调各方援助。美国联邦法律规定，在情况十分严重以致超出州政府和地方政府应对能力的情况下，州政府有权请求联邦政府予以援助。

联邦应急管理局隶属联邦政府的国土安全部，其职责是保护国家免受各种自然灾害和人为灾害的影响，减少财产和人员损失，建立和完善在风险基础上的综合应急管理系统，涉及灾害预防、保护、反应、恢复和减灾等环节。在收到州政府的援助请求后，联邦应急管理局会审查州政府的援助请求并开展调查，根据调查结果，向总统提出建议。如果总统认为州政府和地方政府无法有效应对当前情况，将发表灾难宣言，任命一名联邦协调官员担任总统驻灾区代表，并在该地区设立一个由联邦协调官员和减灾小组组成的外地办事处。联邦协调官员负责协调各级政府的减灾和救灾活动。联邦应急管理局在联邦协调官员的指导下，组织联邦政府做出响应，与受灾的州政府签署援助协议，规定联邦政府提供援助的方式，并明确分摊费用、援助类型、援助期限，以及各级政府在灾害管理中的责任。

私营组织没有法律法规层面的责任和义务限制，也没有权力改变政府的灾害应对计划，其作用是在发生灾害时向地方政府提供援助。这些私营组织可分为两类：一类是社区中履行应急管理职责的组织，如美国红十字会；另一类是从事私人业务的组织，与应急管理不直接相关，但是拥有能够协助灾害管理的设备或技能。

可见，各级政府的紧密合作在应对突发事件时至关重要，而这种合作的有效性则依赖一个强有力的指挥中枢与协调体系，一方面指导地方政府的灾害应对工作，协调各方面资源，确保灾害应对工作高效有序展开；另一方面，开展风险监测、预警和评估，及时收集和分析风险信息，为政府决策提供有力依据。

二、我国社会公共安全风险事件管理体系

我国在面对各类重大应急考验的过程中不断探索建立和完善突发事件应急管理体系，取得了丰硕的成果。目前已经形成较为系统的管理体系和运行机制，为应对各类突发事件提供了有力的制度保障。

（一）我国突发事件应急管理体系的发展

我国的突发事件应急管理体系建设大致经历了3个发展阶段，分别是单灾种应急管理制度形成时期（1949—2003年）、作为整体的应急管理体系建立时期（2003—2018年），以及中国特色应急管理制度体系构建时期（2018年至今）（张铮和李政华，2022）。

我国应急管理建设围绕"一案三制"建立和逐步完善。"一案三制"是我国突发事件应急管理体系的核心内容，"一案"是制定修订《国家突发公共事件总体应急预案》，"三制"是指建立健全应急管理体制、应急管理运行机制和应急管理法制。应急管理体制主要是指建立健全集中统一、坚强有力、政令畅通的指挥机构；应急管理运行机制主要是指建立健全监测预警机制、应急信息报告机制、应急决策和协调机制；应急管理法制是指通过依法行政，推动突发公共事件的应急处置走上规范化、制度化和法治化轨道。

应急预案编制是我国应急管理体系建设的重要环节。2003年，国务院办公厅成立应急预案工作小组，全面推进应急预案体系建设。2006年，我国发布《国家突发公共事件总体应急预案》以及各

种专项和部门应急预案。同时，各地方政府也完成了相应应急预案的编制工作。2006年，国务院应急管理办公室及各地应急管理机构相继成立；军队系统应急体系建立，对地方的支持进一步加强；应急管理培训和面向全社会的科普宣教工作积极开展。

（二）我国突发事件应急管理体系的构成

我国突发事件应急管理体系主要由体系运行机制、监控和预警机制、应急处置和协调机制、事后恢复和评估机制四大部分构成。

体系运行机制。应急管理体系的运行有四条原则：一是统一指挥、分工协作。只有统一指挥、分工协作，才能成功实施应急管理。二是分级分类处理。根据突发事件性质和严重程度划分不同类别和等级，并据此制定不同的应对策略。同时，也需对政府部门进行相应级别的划分，确保每个部门都能明确其职责范围，处理相应级别的突发事件。三是及时切换，包括平战切换和级别切换。平战切换意味着，一旦信息反馈体系察觉到突发事件的征兆，便迅速根据分级判定机制确定其等级，在采取应对措施的同时发出预警。如果这一阶段的处置未能取得预期效果，则必须迅速提升预警等级并激活战时保障系统，以确保事态得到及时控制。在战时保障系统完成任务后将其关闭，恢复到正常状态。级别切换则是一种更为灵活的调整机制。在并未出现突发事件征兆的情况下，针对特殊时期的安全需求，指挥调度机构有权主动调整安全保障系统的安全级别，或直接进入战时保障状态，以预防潜在风险，确保整体安全。四是资源协调及管理。应急处置应首先确保本地区内部应急资源得到最大化利用，当本地资源和能力不能应对时，再向外部寻求支持，同时要制定应急处置过程中征用不同所有者资源的法律、法规、政策，以及相应的补偿方案（池宏等，2005；钱超，2009；武瑞清，2009）。

监控和预警机制。监控和预警机制保障了应对灾害的时效性。如果系统能够持续监控并识别灾难发生的征兆，采取预警、防御措施，就能够最大限度地降低损失。监控机制的核心在于预防，它通过在事件发生前对潜在危险因素及其作用机制进行持续监视，来及时发现安全隐患。一旦发现风险，即采取相应措施，最大限度地预防并避免事件的发生。监控机制的构建包含六大要素：适当的监控设备选择、预设的监控结果标准、精确的监控时间安排、合理的监测点布局、定期的监控周期设定以及及时的信息报送流程。预警机制则根据突发事件的紧急程度、发展态势和可能造成的危害程度对事件进行分级。综合国内外的研究，可以将紧急预警过程分为准备、事件监测、风险因素分析、抑制、报告等阶段。

应急处置和协调机制。应急处置和协调机制是应急管理体系的核心。应急处置机制是指当出现一定预警等级的突发情况时，应急管理人员及时启动对应的应急预案和响应措施，对事态发展及可能的后果进行预判，迅速确定处置方案。在处置过程中要加强部门与部门之间的沟通和协调，实时监控事故现场状况，并据此调整处置方案（陈安等，2013）。应急协调机制是指通过协调整合各组织、人员、信息和物资，实现应急管理体系的纵向信息畅通，提高应急活动效率。

事后恢复和评估机制。社会重大风险事件发生后的恢复及风险等级评估需要一段时间。一个社会重大风险事件带来的不仅是设施等的损失，还包括整个地区功能网络的失效，日常生活受到影响。在实施一系列应急管理措施的过程中会暴露不足，这就要求建立并运行评估机制，一方面对风险事件发生的原因、发展机理、救援效果、损失情况进行调查、评估、反馈和总结；另一方面对应急管理的有效性进行评估，对整个应急过程中暴露的短板进行反思、总结，完善应急管理预案，提升防范同类突发事件的能力（陈安等，2013）。

第二节 公共风险处置的联动机制

突发的社会公共安全事件会造成社会功能的失调，需要多个政府部门协同应对。然而，在跨部门合作的过程中，由于部门间职能的交叉重叠以及信息流通不畅等因素，容易使人力、物力、财力等资源无法得到高效合理的利用。这会影响协同应对的效率，对整个协同应对工作造成不利影响。因此，要建立各部门之间的有效联动机制，提升突发公共安全风险事件的管理效率，进而维护社会稳定和公共安全。

一、多部门联动的现实意义和管理基础

多部门联动能够迅速形成合力，共同应对挑战，维护社会稳定和公共安全。多部门联动具有四方面优势：一是实现信息共享。应对突发事件时，各个部门需要及时、准确地掌握事件相关信息，以做出正确决策。多部门联动能够建立信息共享机制，确保信息的快速传递和共享，打破信息壁垒，避免重复劳动和资源浪费。二是优化资源利用。单一部门的资源难以满足紧急情况下对资源的迫切需求。多部门联动能够确保在紧急情况下迅速、有效调动资源，协同应对突发事件。三是形成强大合力。突发事件处置涉及多个领域，每个部门都有自己的专业和职责。而各部门的专业性与突发事件应急工作的综合性要求之间存在一定差异。这就需要各部门协助配合，避免可能出现的职能冲突。四是提升决策能力。突发事件现场安全形势复杂多变，多部门联动有助于快速开展应急工作，避免次生、衍生灾害。通过多部门联合管理、分工合作，确保信息畅通，有利于保证应急响应决策的科学性和全面性，更好地整合资源，为救灾工作提供有力支持。

多部门联动的效果在很大程度上取决于指挥系统的有效性。美

国突发事件管理系统中的事故指挥系统能够为应急管理中各部门协同工作提供借鉴。事故指挥系统作为标准化的现场事件管理系统，明确了事件管理的组织结构，集成程序、人员、设备、设施和通信等要素，能够确保不同组织人员有效协同工作。其中，指挥部通过单一指挥模式和统一指挥模式负责管理应急响应工作。单一指挥模式是指突发事件在单一辖区内发生，且不存在职能机构重叠时，事故指挥系统会指定一个指挥员，全面负责事件管理。如果突发事件涉及多个辖区，或存在职能机构重叠，则需要遵循统一指挥模式。所有辖区或职能机构需要各自委派一个指挥员参与其中，共同分担管理责任，确保事件得到全面管理和指导。同时，每个指挥员都有责任向其他指挥员通报情况，确保信息畅通，协同工作。

二、风险处置联动程序

中国特色社会主义制度具有集中力量办大事的优势。从抗击"非典"疫情，到汶川地震救援，再到抗击新冠疫情，中国在联合协作方面的制度优势在处置突发公共事件中得到了充分彰显。由于我国疆域辽阔、文化璀璨多元，构建一个普遍适用的突发公共事件应急合作机制面临诸多挑战。因此，通过签订部门间的应急合作协议，制定符合各地区特点的联合应对策略，显得更为切实可行。应急合作协议对相关问题予以界定，明确各方责任、权利以及物资、技术支持，有助于更好地整合资源，为救灾工作提供有效支持。完备的应急合作体系需要建立以政府为核心的合作体系，推动各方力量参与，形成资源共享、协调高效的应急合作机制。地方政府是应急的第一线队伍，要加强地方与地方、地方与中央的沟通交流，共同提高应急能力。建立新型合作模式、绩效评估系统和动员激励机制。在突发事件处理过程中，地方政府应率先在自身职权范围内开展工作。当问题超出自身能力范围时，应及时向应急合作指挥中心报告。应急合作指挥中心接到救援请求后，根据突发公共事件的类型，迅速确定相应专业合作机构，组建专家顾问组，指定救援小组指挥人员，签订责任协议并展开联动行动。如果事态发展超出协议范围，应及时召集各方修订协议。如果经过各方面努力后，仍然无法控制事态，应上报决策层，集结更多力量，尽全力遏制事态恶化。企业是应急管理中不可或缺的力量，要将企业的经济援助、技术支持等纳入应急管理体系，避免与政府管理产生冲突，将资源投入有需要的地方。必要时，可以向国际组织申请支持与援助。

第三节　公共风险信息的沟通机制

在社会重大灾害发生等特殊时期，有效的公共风险信息沟通机制十分重要。社会风险事件中的信息沟通，可分为政府内部的信息沟通和面向公众的信息沟通。通过实时传递风险信息，政府部门能够及时调整应急管理策略，确保公众有序应对紧急情况，进而确保应急计划有效实施。

一、政府内部的信息沟通机制

政府职能部门之间实时传递风险信息，有助于及时调整应急管理策略。这些信息经过分析后，呈送给相关人员，可作为决策参考。风险信息的收集、处理与传递工作，可由专业情报部门承担。当突发事件对战术性和机密性情报的需求相对较低时，可在情报部门内设立指挥部。此时，辅助性部门的代表将负责提供相关情报，指挥部则负责迅速执行并反馈。当突发事件对战术性和机密性情报的需求较高时，情报部门可隶属行动部门，作为行动部门的助手，为行动提供精准情报支持。当需要分析或处理大量战术性和机密性情报时，情报部门可作为独立部门运作，确保情报工作的专业性和高效性。

通信系统和情报信息系统是政府内部信息沟通机制的重要组成部分。在突发事件应急管理系统中，通信科负责规划通信系统，编制整个应急管理系统的通信预案。在涉及多部门的突发事件中，通信科要参与所有事件预案的编制会议，以确保通信系统能够支持下一周期的战术行动。情报信息系统负责处理突发事件应急管理系统中的风险信息，由联合信息系统和联合信息中心构成。联合信息系统的职责包括跨部门信息协调、编辑和传递信息、为决策者提供信息支持、制定各项预案。联合信息中心则是突发事件管理人员工作的重要场所，承担应急事态信息处理、危机通信和公共事务等职责。

通信和信息管理的原则，是为突发事件管理人员提供持续、稳定的信息流支持，涵盖互操作性、可靠性、可扩展性、可移植性、弹性、冗余性以及安全性等要素。互操作性指的是不同通信和信息管理系统之间的兼容性和协同工作能力，确保人员和组织能够通过语音、数据和视频系统实现实时、高效的沟通。可靠性、可扩展性和可移植性是通信和信息管理的基石。可靠性指的是系统能在各类突发事件中稳定发挥作用；可扩展性意味着系统能够根据实际需求灵活扩展，以支持更多用户和更复杂的情况；可移植性确保系统能够顺利部署和集成，适应不同的环境和场景。弹性和冗余性对于确保信息的不间断流动至关重要。弹性意味着系统在遭受损害后仍能迅速恢复运行；冗余性是通过提供备份和替代服务，确保通信和信息管理的稳定性。安全性是通信和信息管理的重要保障。在通信和信息共享过程中，必须严格遵守相关法律法规，保护数据安全。同时，应与安全专家紧密合作，确保数据、网络和通信系统得到全面保护，防止信息泄露和非法访问。

在突发事件应急管理中制订沟通和信息管理计划，有助于应急管理活动的开展。沟通和信息管理计划包括快速评估、数据收集、验证、分析和传播更新五个步骤。快速评估是指对事故现场情况进行评估，将调查结果提供给调度部门和应急支持机构，作为决策参考。数据收集是指根据规范完整、准确收集事件信息，涉及数据来源、收集方法、度量单位等要素。验证是指审查收集的信息是否完整、准确、及时。分析是指深入分析需验证的数据，并将原始数据转化为对决策有用的信息。传播更新是指根据适用的法律和政策，及时、准确地将收集并验证的事故数据与相关人员共享，提高其整体态势感知水平。

二、面向公众的信息沟通机制

传统观点认为，在面对危机和紧急情况时，容易出现社会混乱，公众通常会表现出被动、恐慌的情绪。但事实恰恰相反，大多数人能够通过获取的信息和资源，对环境威胁做出正确反应。在灾难发生时，公众通常表现出亲社会的理性行为，如寻找幸存者、照顾伤者。有效的信息沟通机制有助于及时、准确地向公众传递灾情信息，确保应急计划的有效性。

面向公众的信息沟通机制，包括风险信息和灾害信息的发布。在风险信息发布方面，除告知风险大小，还要通过信息沟通引导公众掌握风险应对策略。公众并非完全依赖数据评估风险，而是结合损害的严重性与不确定性对风险进行心理预判。若无法找到有效应对方式，公众就可能坚守既有行为，低估风险影响。灾害信息发布的首要目标是为受灾地区提供援助，向公众做出警示。根据灾害管理周期的不同阶段，灾害信息可分为紧急信息、灾后重建信息以及提高灾害认识的信息。紧急信息包含时间、位置和严重程度三个要素。当危险即将发生时，发布紧急信息能够在一定程度上减少损失。灾后重建信息对于支持灾民和灾区有重要意义。每个地区的受灾情况各不相同，实时发送和接收信息尤为必要。灾后重建信息发布不到位可能导致对不同地区援助力度的不平衡。提高灾害认识的信息是指通过记录过去的灾害详情和描绘未来可能发生的灾害情景，提高公众对灾害的认识。

在防备灾害阶段，面向公众的信息沟通机制的主要任务是提升公众的防灾减灾意识和面对灾害时的应对能力。通过防灾减灾讲座等方式，公众能够了解灾害的成因、预防方法和应对措施，在灾害发生时能够迅速、有效地采取行动，保护自己和他人的生命安全。

当灾难发生时，面向公众的信息沟通机制的主要任务是及时、准确地向公众传递灾情信息，给予应急指导，确保应急工作顺利进行。要充分利用网络、热线电话等多种传播渠道，搭建公众和政府、各类救援机构有效沟通的平台。在灾后重建和恢复阶段，公众对事件的关注度可能会发生变化，这时就需要政府与媒体紧密合作，加强与公众的信息沟通，积极争取社会各方的支持。

第四章
社会公共安全氛围

社会公共安全氛围是一个复杂的系统，它在社会成员与社会环境的相互作用过程中，通过各种社会活动实践形成。本章聚焦社会公共安全氛围的内涵、概念模型、社会基础，介绍社会公共安全氛围及其与社会公共安全管理系统的关系，阐述如何在实践中创建积极的社会公共安全氛围。

第一节　社会公共安全氛围的基本概念

社会公共安全氛围的营造是社会公共安全文化建设的重要环节。良好的社会公共安全氛围有助于减少或消除社会成员的不安全行为。本节将从社会公共安全氛围的内涵、概念模型和社会基础出发，对社会公共安全氛围的基本概念进行阐述。

一、社会公共安全氛围的内涵

社会公共安全氛围是社会成员对公共安全状态的基本知觉，它不仅反映了与安全相关的社会政策、程序和机制，还体现了社会管理者对安全价值的重视程度。对社会公共安全氛围的评估可从社会个体、安全组织和社会环境本身三个方面进行。

（一）社会公共安全氛围的概念

安全氛围和安全文化是安全科学领域研究的热点问题，也是决定企业安全绩效和社会个体安全行为的关键因素（刘超，2010）。社会公共安全氛围与社会公共安全文化紧密相关，但二者在社会公共安全管理中是两个不同的概念。

社会公共安全氛围是一种心理表象，是社会成员在特定时间、特定环境中对社会安全状态的认知，包括对社会安全政策、安全规则和安全实践的认识，也是社会安全文化的"快照"，会随着社会发展发生变化；而社会公共安全文化则具有更加复杂和持久的特质，是对社会成员安全价值观的反映，与长期形成的社会文化有关。

在组织研究中，安全氛围与组织氛围有着密切的理论渊源。安全氛围实际上是从组织氛围研究中衍生出的一个概念，被认为是组织氛围的一个子集。组织氛围通常具有动态性、暂时性和可控性，受限于组织成员有意识地觉察到的组织环境的某些方面。将安全氛围和组织氛围进行对比，可发现二者在历史逻辑上具有明显关联，可以认为安全氛围是组织氛围在安全知觉上的聚焦。

部分学者在理论研究层面对安全氛围给出了不同定义：安全氛围是个体或团体对特定实体的知觉或信念。安全氛围包括心理和组织安全氛围，是社会个体对与心理健康和安全相关的政策、程序和实践的共同知觉。安全氛围在不同的行业领域中具有符合行业需求的特点。在制造业领域：安全氛围是社会个体对工作环境共享的基本知觉的总和，是一种特殊类型的组织氛围，它反映社会个体对其职业行为中安全指导相对重要性的知觉（Zohar et al., 2008）。安全氛围是指团队成员之间对于管理实践的共享知觉（Zohar, 2000）。在能源领域：安全氛围是社会个体对影响安全的当前环境或状况的知觉的"快照"。安全氛围是社会个体关于工作场所安全主动行动的当前状态的知觉和态度的产物。在建筑领域：安全氛围是人们对其工作环境的基本知觉。安全氛围作为一个独特属性，由两个因素构成，即管理层的安全承诺和工人的安全参与（Dedobbeleer & Béland，1991）。

综合以上关于安全氛围的定义可以发现，安全氛围强调的是对环境中的风险状况和安全问题的认知和评价，是一种心理知觉；安全氛围能够独立于个体，作为组织在安全生产和管理方面的客观情况而存在。然而，在社会安全管理领域，尚未对社会公共安全氛围形成一个明确的概念。综合不同行业和领域的研究对安全氛围的定义，结合社会公共管理的特点，可将社会公共安全氛围定义为：社会成员对社会公共安全状态的基本知觉，它既反映了与安全相关的社会政策、程序和机制，又反映了社会管理者对安全价值的重视程度，对于减少或消除社会成员的不安全行为有直接影响。

（二）社会公共安全氛围的评估

明确社会公共安全氛围的结构是对其进行评估的前提，但是目前学界尚未对这一结构形成共识。我们可以借鉴学者们在不同行业中对安全氛围结构的研究结果。在许多实证研究中，学者们对安全氛围的测量均涉及环境、行为、过程和实践等方面，通常使用根据行业特征开发的问卷对安全氛围进行评估。就制造业而言，就有20多个量表用于各项实证研究。由于安全氛围涉及个体的知觉和态度，很难直接通过外部观察进行评估。因此，只有借助问卷、访谈和其他方法，我们才能更深入地了解人们的内心感受。在当前关于安全氛围的研究中，国外学者大多采用由佐哈尔（Zohar）编制的安全氛围量表，通过使用管理学和组织行为学框架，以更全面的方式考察整个安全系统。尽管学者们对安全进行了长期研究，但目前仍然缺乏信度和效度较高的测量工具。特别是在社会安全领域，针对社会公共安全氛围的测量工具更是少之又少。

在明确社会公共安全氛围的层次结构后，可从社会个体、安全组织和社会环境本身三个方面对其进行评估。对社会个体的评估，既包括对其安全意识、安全态度等心理感知层面的测量，也包括对其安全服从、安全参与等实际行为层面的评价。对安全组织的评估，主要考察安全政策是否合理、安全规则是否完善、安全监管是否到位。对社会环境方面的评估，主要考察用于维护安全和应对突发事件的安全设备是否齐全，是否能够准确识别和防控风险因素，社会中的个体或群体是否能够执行正确的安全操作行为。具体而言，对实施安全促进手段的社会公共安全氛围分别进行前测和后测，比较二者的差异，以此判断这些干预措施是否有效。如果有效，则可总结经验，推广措施，助力社会公共安全氛围建设。

二、社会公共安全氛围的概念模型

社会公共安全氛围是一个复杂的概念系统，包括社会环境、社会活动和社会成员三个部分。社会环境包括一切与安全有关的因素，如硬件方面的安全设备、应急资源、风险预警系统等，以及规范方面的安全法规、安全操作程序等。环境的变化会影响个体对安全氛围的心理知觉，当个体感知到较高的安全水平时，他们就更乐于从事安全活动，表现出更好的安全行为。在此基础上，社会成员能够感受到管理者对安全问题的重视，自愿做出安全投入的行为。此外，当社会成员对社会环境提供的安全设备和应急物资充分认可时，更容易表现出安全行为。不可忽略的是，安全教育和培训可以提高个体的安全知识和技能，进而减少事故发生。因此，社会公共安全氛围的建设需要在社会成员与社会环境的相互作用过程中，通过各种社会实践活动加以推进。

三、社会公共安全氛围的社会基础

社会公共安全氛围的社会基础包括人、物质、环境、管理和评价五个因素。研究和营造社会公共安全氛围的出发点和落脚点都是"人"，核心指导思想是"以人为本"，目标是建设充分保障人们生命和财产安全的社会环境，最终以能否有效改善人们生命和财产安全水平作为其评价依据。物质指的是建设社会公共安全氛围所涉及的必要的外部物质条件，包括安全设备、防护工具等，旨在保护人们在应对危险的过程中免受伤害。环境不仅指自然环境，还包括影响社会安全的所有因素。管理指的是管理者对安全的管理方式，包括社会安全管理系统、执行系统和监督系统等。管理者要根据实际情况，采取合理方式促进社会公共安全。评价指的是对社会公共安全氛围建设效果的评价，有多种评价方式，可通过量化的安全指数对其进行评估，也可通过社会成员安全意识、安全态度等指标衡量社会公共安全氛围建设效果。

第二节 社会公共安全氛围与社会公共安全管理

营造良好的社会公共安全氛围是公共安全管理工作的重要内容，积极的社会公共安全氛围能够促进公共安全管理工作更有效地开展，公共安全管理工作的有效开展反过来也会助推社会公共安全氛围的建设。本节主要探讨社会公共安全氛围与社会公共安全管理之间的关系，分析社会公共安全管理系统的组成部分及影响因素，介绍社会公共安全氛围对社会公共安全管理的作用，以及社会公共安全氛围的心理作用机制。

一、社会公共安全管理系统

社会公共安全管理的主要目的是防止人们受到伤害，保障人们的生活安全。安全管理系统综合了运行、技术系统和财政、人力资源管理等多种活动，广泛应用于建筑、网络、电力、航空等行业。在诸多安全管理系统模式中，比较具有代表性的是费尔南德斯-穆尼兹等（Fernández-Muñiz et al., 2009）在参照各国制定的有关职业安全与健康管理系统的标准和指南以及有关安全管理实践的学术研究基础上提出的安全管理系统。他们发现所有的安全管理系统都具有相似的结构，并且都基于持续性发展目标，即计划、执行、检查、执行。据此，他认为一个良好的安全管理系统应包括安全政策、安全激励机制、安全培训、安全沟通、预备方案以及安全监控六个方面的内容。安全政策涉及组织的安全承诺，包括有关工作现场安全和健康方面的指南和准则。安全激励机制旨在鼓励社会个体参加安全活动，通过奖惩机制促使每个人做出安全行为。安全培训旨在帮助社会个体获得安全知识，提高安全技能。安全沟通旨在保证安全信息畅通传播。预备方案是指规范化应对意外事故行动的流程方案。安全监控涉及监控工作过程中的各种活动。

基于安全管理系统的这些内容，社会安全管理系统可以包含六个方面：一是社会公共安全政策。社会公共安全政策体现管理者对安全问题的重视程度。管理者要结合实际情况，制定有关社会公共安全管理的规章制度和行为准则。二是社会公共安全激励机制。社会公共安全激励机制旨在营造鼓励、肯定社会公共安全行为的社会氛围。三是社会公共安全培训。社会公共安全培训旨在提高社会成员的安全素质。四是社会公共安全沟通。畅通的沟通机制有助于识别潜在社会风险，及时应对和消除风险。五是社会公共安全应急预备方案。社会公共安全应急预备方案是指应对社会公共安全意外事故的流程方案。六是社会公共安全管理监控机制。社会公共安全管理监控机制旨在监控社会公共安全管理系统的运行状况，根据现实情况对安全管理工作进行及时调整，保证社会公共安全管理系统持续高效运转。

将社会公共安全管理系统应用于社会公共安全管理工作是一种提升社会整体安全水平的有效手段。社会公共安全管理系统的有效运行，需要所有社会成员的积极参与。社会公共安全管理系统是社会公共安全管理中的硬件系统，而社会公共安全氛围作为一种重要的情境因素，是社会公共安全管理的软件系统，会对组织和个人的安全行为产生重要影响。

二、社会公共安全氛围

社会公共安全氛围对环境中的人、物及其他系统具有持续性、系统性的影响，并能够承受、抵抗周围环境和其他系统的影响与作用，是促进社会公共安全、增强公民安全感的重要保障。社会公共安全氛围的一个重要功能是将社会安全事务的决策者、管理者及相关社会成员塑造成具有现代公共安全意识的社会个体。如果没有积极的社会公共安全氛围作为保障，人们的安全行为就可能产生偏差，社会整体安全水平也就难以提升。社会公共安全氛围作为促进安全行为的重要因素，能够影响社会成员对安全措施的认知，塑造集体价值观和社会规范，进而提升社会整体安全水平。社会公共安全氛围的建设既需要制度和规范的支撑，也需要价值观念和道德思想的引导。

社会公共安全氛围具有导向、约束、凝聚和激励的功能。分析社会公共安全氛围的导向、约束、凝聚和激励功能，考虑其心理作用机制和前因变量，有助于理解积极安全文化环境的形成过程。导向功能是指社会公共安全氛围对全体社会成员的引导作用。社会公共安全氛围体现了社会安全管理工作的总体目标和各组织、各部门的安全分目标，使管理者明确社会公共安全管理的努力方向，制定相应的安全规章制度，坚持"安全第一"的价值观（朱娅萍，2008）。社会公共安全氛围有助于调动全社会实现公共安全目标的积极性。约束功能是指通过社会公共安全制度和安全伦理道德发挥作用，约束社会成员的安全行为，使每个人深刻认识到遵守安全规章制度的重要性。由以往"事件导向"的社会安全管理思维转变为以"超前创新"为指导理念和以预防为主的现代安全管理思维，引导民众提高安全意识，提高社会整体安全水平。凝聚功能是指通过社会公共安全氛围把全体社会成员紧密联系在一起，形成共同的安全目标和追求。良好的社会公共安全氛围能够促使全社会形成凝聚力和向心力。激励功能是指通过表彰先进等方式激发社会成员的积极性和主动性，树立"社会安全我安全，我为安全尽份力"的理念，使社会公共安全氛围建设进入良性循环。

态度是个体对特定对象（人、观念、情感或事件等）的稳定的心理倾向，这种心理倾向蕴含个体的主观评价以及由此产生的行为倾向性（王欢，2015）。态度包括认知、情感和行为意向，是可以被影响和改变的。公众对安全规则的态度可以通过团体反思来塑造，团体反思是团体成员共同反思团体的目标、策略和行动，并依据反思结果做出适应性改变和调整的过程。下文将分析社会公共安全氛围的前因变量，探讨个体对安全规则的态度和团体反思与社会公共安全氛围的关系，以及由此形成的社会公共安全氛围的心理作用机制。

社会公共安全氛围的前因变量很多。首先，社会运行特征及社会成员之间的交互方式对社会公共安全氛围的形成和演变具有重要影响。其次，安全物质基础坚实、安全政策完备的社会，更容易形成良好的社会公共安全氛围。再次，社会中不同个体之间的良性互动也有利于改善社会公共安全氛围，如管理者和社会成员积极分享与沟通安全知识和信息。最后，管理者对社会公共安全氛围的改变既有直接作用，也有间接作用。直接作用体现在管理层对安全管理的重视程度上，间接作用则是通过管理层组织与安全规则和程序相关的活动来实现的。总体来说，安全信息交流畅通、安全物质基础坚实、管理者重视安全、安全政策完备、社会成员之间互动良好的社会，更容易形成积极的社会公共安全氛围。

在安全管理工作中，存在两种共存且互补的方法（Dekker，2005；Hale & Borys，2013a，2013b，2013c）。一种是自上而下的管理方法。这种方法将规则视为静态的，限制了团体中成员参与决策的自由度并将决策结果强加给他们，而违反规则被认为是必须消除的负面行为。这种方法是基于风险管理领域的专业知识制定的，具有一定的合理性。在这种管理方法下，规则是明确的、标准化的，仅在发生事故的情况下才会被改变。这种方法旨在将安全规则整合到个体的各项活动过程中，对不利于安全的行为绝不妥协。但是，在实践过程中，安全规则可能与基于任务或质量目标而制定的规则相矛盾，因此违反规则的行为时有发生。可采用成本-收益评估法对出现违规行为的人员进行评估，再决定是否给予惩罚。另一种是自下而上的管理方法，认为规则是动态的、局部的，适用于特定情境。在这种管理办法下，人的主观能动性被肯定，能够根据自己的工作实际调整规则。因此，组织记忆和实践经验在规则的演变中起核心作用。规则很少或根本没有标准化，所以对规则的使用是有弹性的，每个人对规则会有不同的理解。组织中的个人具有决策自主权，这种决策自主权的实施需要在规则的指导下进行，而这些规则是在保证工作效率和操作人员安全的基础上构建的。

根据铁路运输领域安全培训的经验，马扬和萨瓦扬（Mayen & Savoyant，2002）指出个体对安全规则的态度体现在四个水平上：第一水平——毫无疑问地遵守规则（即无条件接受规则）；第二水平——根据自己的观念、推理主动挑战规则（即自我至上）；第三水平——审视自己的行为，根据行为的合法性尊重公认的规则（即合理接受规则）；第四水平——对规则产生质疑，并开始探讨挑战或帮助改变现有规则的规则（即规则的集体管理）。这一模型可以应用到社会公共安全氛围的创建工作中。改变社会成员对社会安全规则的态度应当遵循个体对安全规则态度的演变规律，当新的安全规则被制定和执行时，人们或许对其并未完全理解，只是绝对服从。然而，随着时间发展，个体可能会发现某些安全规则与自己的生活经验、安全认知存在偏差，就可能对既定的安全规则产生质疑，甚至会以"相信自我"为主导观念，对规则的服从程度开始降低。之后，个体会更理性地看待自己的行为，如果自己的行为确实对社会整体安全产生了不利影响，那么就会重新审视自身行为，发现社会安全规则中合理的部分。在某种意义上，这时个体才将社会安全规则与自己的安全行为联系起来，社会安全规则才开始真正对人们的安全行为产生实际影响。当社会经验和安全素质发展到一定水平时，个体会对社会安全规则进行反思，发现安全规则中的不合理之处，并主动发起讨论，提出优化方案。从对社会安全规则的绝对服从，到有条件遵守，再到发现其不合理之处并加以修正，这一过程体现了个体和社会安全的交互作用，同时社会公共安全氛围也发生了改变。

第三节 社会公共安全氛围的建设路径

社会公共安全氛围建设是一个系统工程。切实推动社会公共安全氛围建设，要求我们深刻认识社会公共安全氛围的影响因素，明确建设社会公共安全氛围的路径，进而提升基层风险防控能力和危机应对能力。

一、社会公共安全氛围的影响因素

社会公共安全氛围建设旨在营造更"强"的社会公共安全氛围。"强"氛围是指群体中的个人对安全氛围的看法高度一致。社会公共安全氛围建设要明确所涉及的"人"及其对社会公共安全氛围的影响，努力营造更"强"的社会公共安全氛围。

首先，管理者的领导力与社会公共安全氛围建设有密切联系。组织行为学的相关研究说明了变革型领导对安全氛围强度产生的作用。卢里亚（Luria，2008）对2000多名陆军人员进行调查研究发现，领导力会影响安全氛围的强度，领导力较弱的管理者预示着较弱的氛围强度。具体而言，当群体内聚力较低时，高水平的变革型管理者对氛围强度的影响更大，但在高内聚力的群体中，该类型管理者的作用是有限的。这表明，在群体内部成员之间缺乏联系的情况下，领导力对个人的影响作用更强，领导力可能发挥了"黏合剂"的作用，将每个人联系起来，提高其行为的一致性。由此，领导力便直接转化为增强团体氛围的重要因素。随后，佐哈尔和滕内-加齐特（Zohar & Tenne-Gazit，2008）在研究中发现，变革型管理者与团体氛围强度之间存在显著的正相关。沟通网络在变革型管理者和安全氛围强度之间起到中介作用。此外，人际关系网络的集中化与氛围强度成正相关。这表明，变革型管理者能创造更强的氛围是由社交网络的结构化和社会化因素所致。也就是说，管理者敢于做出改变，在管理者和被管理者之间以及被管理者内部建立良好的社交网络，保证交流畅通，有助于建设更强的安全氛围。

其次，个体人格特质是影响社会公共安全氛围的重要因素。以大五人格模型为例，尽责性是其中的一个重要维度，指个体在行为上"勤奋，以成就为导向和坚持不懈"的程度。尽责性水平较高的个体在安全促进行为上会表现出更强的主动性、积极性。当社会公共安全氛围较弱时，尽责性与安全行为之间的正相关系数较低；而当社会公共安全氛围较强时，尽责性与安全行为之间的正相关系数较高（Lee & Dalal，2016）。这为社会公共安全氛围建设提供了思路。鉴于个体人格特质相对稳定、很难被改变，在社会公共安全氛围建设中可通过改变环境对个体施加影响，即创建重视安全的社会环境，让社会成员感知到安全的重要性。当每个人都形成这种认知时，便会展现出高度一致的安全行为，形成更强的社会公共安全氛围。

最后，个体的安全意识和安全素质也是影响社会公共安全氛围的重要因素。个体的安全意识影响人的安全态度，而安全态度潜移默化地影响安全行为习惯，安全行为习惯则最终决定社会整体安全水平。树立安全意识、掌握安全知识、提升安全技能，是对个体安全素质的基本要求。提升个体安全意识和安全素质，有助于营造积极的社会公共安全氛围，提升社会整体安全水平。安全素质和社会公共安全氛围两者之间相辅相成、相互促进。

二、社会公共安全氛围建设的路径

营造良好的社会公共安全氛围是保证社会公共安全的前提。社会公共安全氛围建设是一个系统工程，营造良好的社会公共安全氛围可通过以下路径。

第一，倡导正确的安全价值观，制定全民遵守的安全规章制度。政府应持续加强公共安全文化建设，倡导正确的安全价值观，使之成为全社会共同遵守的行为准则。开展安全知识竞赛活动等安全文化建设活动，使民众深刻认识安全的重要性，在全社会形成"人人知安全，人人讲安全"的公共安全氛围。安全规章制度是公共安全氛围的有力支撑。相关部门应加快安全规章制度建设，促使社会公共安全文化与公共安全管理体系有机融合。

第二，完善社会安全管理体系，转变社会安全管理模式。要将安全管理体系应用于社会公共安全管理实践，不断提升社会公共安全水平。面对社会公共安全的实际问题，不仅要聚焦解决问题，还要致力于预防问题，以前瞻性思维为社会安全稳定发展打下坚实基础。要针对社会安全管理工作中的突出问题，有针对性地提出解决办法，在实践中发现和解决问题，不断加大公共安全氛围的建设力度。

第三，加强安全舆论引导，开展安全技能培训。要利用网络、电视等多种宣传方式对社会公共安全进行全方位宣传，增强民众的安全意识，使全民参与社会公共安全氛围建设。对公共安全意识强、安全业务素质高的个人和群体进行正面报道，发挥榜样示范的作用，引导全社会注重社会公共安全。针对不同人群组织安全技能培训，提升基层风险防控能力和危机应对能力，形成良好的公共安全氛围。

第五章
社会公共安全文化的安全意识培养

安全意识是个体内在心理对安全状态的综合反映，描述个体根据自身所处环境的安全现状所形成的内在感知和认识。社会公共安全文化潜移默化地影响每个个体的安全意识；而个体的安全意识构成了整个社会群体的公共安全文化。本章将围绕安全风险感知的内涵和影响因素、安全态度的理论基础以及安全价值观的外在表现等方面展开论述。

第一节　社会公共安全风险感知

安全风险感知是个体或群体辨别所处环境中固有风险的基本认知能力，涉及对外部情况和个人能力的准确评估，低估外部环境或高估个人能力都会导致对风险的错误认知。个体风险感知侧重反映个体对各种客观风险的感受和认识；群体风险感知则反映公众在风险情境中的信息需求、应急行为和心理状况等。本节将介绍安全风险感知的内涵、心理学和社会学的研究路径，以及个体和群体风险感知的影响因素。

一、安全风险感知的内涵

安全风险感知是个体及群体对外部环境潜在危险的主观认知和

评价，以及相应的准备行为，它受到个体特征和社会情境特征的影响，呈现动态变化的特征（姬鸣等，2011）。目前对风险感知的研究有心理学和社会-文化两种研究路径。心理学研究路径重点关注风险感知的维度及测量方法、风险信息的认知加工过程以及风险感知与实际行为之间的关系。社会-文化研究路径侧重反映风险感知在形成过程中受文化、价值观等因素的影响。

（一）风险感知的概念

风险感知一直是风险研究中的重要课题。吴华（2019）认为风险感知可从以下三个维度来理解。首先，风险感知的主体是人，不仅能反映个体对外部环境潜在危险的认知，而且能反映某一群体的价值观（Weinstein，1982）。卡特（Cutter，1993）认为风险感知是人了解某种特定风险，进而对该风险产生评估并做出准备的过程。其次，风险感知具有主观性并且是一个动态变化的过程，如斯洛维奇（Slovic，1987）强调公众的风险感知不是一蹴而就的，而是逐渐形成的，其影响因素包括个人阅历、社会行为规范、媒体信息等。最后，从外部情境特征来看，客观存在的风险通常是复杂多变的，个体对外部情境不确定性、可控性的评估也因此会受到影响（Sitkin & Weingart，1995）。

风险感知受到个体特征的主观性和情境特征的复杂性、多变性影响，因此，在同样的风险情境中，不同个体感知的风险水平也不同（吴华，2019）。风险感知的形成过程是人的心理对外部风险情境的感知、评估、判断和相应的行为准备，这一过程受到个体认知、社会文化等方面的影响。即使在相同的风险情境下，不同个体关注外部风险情境信息的倾向性不同，感知到的风险水平也会不同。

（二）风险感知的心理学与社会-文化研究路径

对风险感知的研究，目前有心理学研究路径和社会-文化研究路径。在心理学范畴内，重点关注风险感知的相关维度及测量方法、风险信息的认知加工过程以及风险感知与实际行为之间的关系（冯强，2017）。在风险感知的相关维度和测量方法方面，斯洛维奇（Slovic，1987）最早采用问卷调查的方法，从自愿性、可控性、新鲜性等9个方面，测量了酗酒、游泳、接种疫苗等30种常见的风险情境，又采用因子分析的统计方法提取出风险感知的多个因子。后续研究在此基础上提出了多种风险感知测量模型，但该测量研究的局限性在于其解释力有限。在风险感知的信息加工方面也有大量的研究，例如在对风险信息的关注和记忆过程中，因为受到选择性心理的影响，许多信息会被过滤，而关于事物的风险信息则会成为人们关注的重点。此外，风险感知与实际行为的关系也是心理学研究的重点。例如，姬鸣等（2011）探讨了中国民航飞行员的风险感知水平、风险容忍人格特质与安全驾驶行为之间的关系，发现飞行员的风险感知水平对安全驾驶行为具有显著的正向预测作用，也就是说，较高风险感知水平的飞行员更容易辨别情境中的风险因素，从而采取更安全的驾驶行为。同时，风险容忍人格特质与安全驾驶行为之间的负向关系也受到风险感知的调节，较高水平的风险感知可有效降低高风险容忍飞行员对安全驾驶行为的负面影响。

风险感知的社会-文化研究路径侧重反映风险感知在形成过程中受文化、价值观等因素的影响。例如风险感知的性别差异，有研究显示，在同样的风险情境中，女性对风险的感知程度通常高于男性（刘金平，2011）。还有学者考察在不同社会文化中风险感知的差异，相比美国民众，日本民众对酒精、烟草、核能等风险情境的感知程度更高（冯强，2017）。

二、安全风险感知的影响因素

安全风险感知受到多种因素的影响。个体风险感知是个体对各种客观风险的感受和认识，受到主观感受、直观判断以及过往经验的影响，而群体风险感知受个体特征、风险情境类型、风险信息传播模式等因素的影响。

（一）个体风险感知影响因素

斯洛维奇（Slovic，2000）将风险感知界定为个体对各种客观风险的感受和认识，且强调个体的主观感受、直观判断以及过往经验的影响。拉姆齐和里克森（Ramsey & Rickson，1976）认为个体对风险的感知反应可分为感觉风险、认知危险、决定避险、避灾能力与安全行为五个环节。其中任何一个环节出现问题，就可能导致事故发生。目前有三种理论可用来解释风险行为的存在。风险平衡理论认为，风险具有一定的稳定性，人们在进行任何一项活动时，都会对既定任务生成一定的风险接受水平，人们并不是试图减小风险，而是通过调整自身的行为来维持平衡状态（Wilde，2014）。零风险理论认为人们对风险的感知源自对危险事件结果重要性的评估（Ranney，1994）。根据这一理论，随着人们自信程度的增加，对风险的感知可能降低到零水平。风险回避模型认为，应当正确预期风险事件并做出及时回避，以避免严重后果。

此外，情绪始终存在于风险感知和风险决策的过程中。董颖红（2015）从情绪与风险感知相互影响的角度探讨了情绪与风险感知的关系。人们对风险情境进行感知、评估和判断的过程并不是理性的，情绪在其中起重要作用。情绪的产生源于对外部刺激的认知评价，而不同风险感知水平的个体对外部刺激的认知评价结果也存在差异，进而产生不同的情绪反应。

（二）群体风险感知影响因素

风险感知的社会–文化研究路径侧重反映群体的风险感知情况。王飞（2014）认为，群体风险感知受个体特征、风险情境类型、风险信息传播模式、时间等因素的影响。

首先，性别、生活习惯、受教育程度等个体特征是造成不同群体间风险感知差异的重要原因。例如，季天宇（2022）调查了新冠疫情初期不同群体的风险感知水平，研究发现，相比男性被试，女性被试对疫情的风险感知水平更高；相比习惯浏览新媒体的被试，习惯浏览传统媒体的被试风险感知水平更高。其次，风险情境类型、风险信息传播模式也会影响风险感知的唤醒水平。例如，谢晓非等（2008）探讨了不同的风险类型、信息呈现方式和传播渠道对群体风险感知的影响，相比自然风险、文字信息和网页传播，人为风险、形象性信息和电视传播对群体风险感知的唤醒水平更高。最后，时间也是群体风险感知动态变化过程中的影响因素。白舒娅（2020）研究了公众对自然灾害的风险感知随时间动态变化的过程，发现公众对不同自然灾害的风险感知发展过程也有所不同。

三、安全风险感知的相关研究

个体风险感知的相关研究侧重反映个体对外界各种客观风险的感受和认识，多见于交通运输领域且以量表法为主要研究方法。沙尔和多尔金（Shull & Dolgin，1989）在美国海军训练中验证了风险感知的预测作用。研究发现，培训可以显著影响海军学员的风险感知水平。随后的研究发现，在风险事故中，那些反应更快、采取更多冒险行为的飞行员，更容易通过飞行测试。此外，一些研究也以测量飞行员的风险感知水平为目标。黑尔（O'Hare，1990）提出从事故卷入的角度来检测飞行员的风险感知水平。亨特（Hunter，2002）编制了飞行员风险感知自我测量量表。该量表信度较高，由五个分量表构成，共26种情境，要求飞行员对所提供事件或情境的风险程度进行评估，已被广泛应用于飞行员相关研究中。除测量法以外，由于风险感知相关研究的目的不同，操作化定义也各不相同。米尔斯特林和哈尔彭-费尔舍（Millstein & Halpern-Felsher，2002）将被试对风险结果发生的可能性评估作为风险感知的指标，如酒后开车发生车祸的可能性。约翰逊和特维斯基（Johnson & Tversky，1983）将新闻报道中某风险事件的发生率作为基线，将个体对风险发生率的评估作为风险感知水平的指标。由此可见，风险感知水平的操作化定义，往往从不同的研究角度出发，采取一定的量化指标。

此外，还有一些研究关注公众群体在危机情境中的风险感知水平和行为表现。王飞（2014）总结了国内外关于群体风险感知的研究，将群体风险感知界定为公众对某事物表达的担忧，同时也是公众对目标风险做出客观评价的体现，包括公众在风险情境中的信息需求、应急行为和心理状况等。公众过高或过低的风险感知都会造成不利影响，例如过激反应或缺乏有效的自我防护。

目前关于危机情境下群体风险感知的研究涉及四个方面：一是群体风险感知的形成和动态变化过程。例如，程鹏（2017）调查了公众对雾霾情境的风险感知动态变化过程和相应的行为反应。研究发现，如果公众接收的雾霾信息恒定，他们感知到的风险水平就会在增加到一定水平后保持稳定。如果公众接收的雾霾信息增加，他们感知到的风险水平就会呈现先增加后减少的趋势。二是危机信息的发布与传播对群体风险感知的影响。例如，谢晓非等（2008）探讨了不同的风险类型、信息呈现方式和传播渠道对群体风险感知的影响，结果显示，人为风险、形象性信息和电视传播能唤起更高的风险感知水平。三是个体特征对风险感知差异性的影响。例如，季天宇（2022）调查了新冠疫情初期不同群体的风险感知水平，研究发现，相比男性被试，女性被试对疫情的风险感知水平更高；相比习惯浏览新媒体的被试，习惯浏览传统媒体的被试风险感知水平更高。四是利用群体风险感知规律提高政府应急管理能力的方法。例如，祝哲等（2022）基于新冠疫情的案例，分析了政府信任如何影响群体风险感知规律，揭示了媒介依赖的调节作用，为政府应急管理体系建设提供了一定的理论支撑。

第二节　社会公共安全态度

社会公共安全态度描述了个体面对社会公共安全事件时产生的关于安全重要性的心理倾向。这种心理倾向影响着个体的认知、情感和行为。研究表明，安全态度对安全行为有重要的预测作用。如何改善个体的安全态度，最大限度地预防和避免各类公共安全事件的发生已成为安全管理的一个重要课题。本节将介绍安全态度的理论基础、相关研究以及改善公共安全态度的方法。

一、安全态度的理论基础

态度是个体对特定对象（如人、观念、情感、事件等）所维持的一种稳定的心理倾向，这种心理倾向包含个体对于特定对象的主观性评价和由此出现的行为倾向。安全态度是态度在安全领域的表现，一些经典理论模型如计划行为理论和安全态度结构模型对安全态度的形成和构成要素做出了解释。同时，除外显安全态度，越来越多的研究开始关注个体的内隐安全态度。

（一）安全态度的定义和理论模型

安全态度是态度在安全领域的表现。安全态度的定义可从三个角度来理解。从构成要素来看，安全态度包含认知、情感和行为意向三个部分。黄玺和吴超（2018）认为安全态度是人对所在社会组织中的不安全因素、安全状态及其保障措施所具有的认知、情感和行为意向。从安全态度的主客体来看，其主体是人，客体是多种危险事物。皮金（Pidgeon，1991）认为，安全态度是关于危险和安全重要性的个体和集体的信念。从态度与行为的关系来看，安全态度与安全行为联系密切，态度影响人的行为，决定一个人能否对一种特定环境做出安全反应。齐晓云和刘杰（2021）认为安全态度是个体对所处环境安全状态的分析判断和心理准备状态，影响个体的安全行为。由此，可认为安全态度是人们面对危险时产生的一种有关安全重要性的心理倾向，这种心理倾向又对认知、情感和行为意向产生影响。

安全态度的理论模型包括计划行为理论和安全态度结构模型（刘博，2020）。计划行为理论包含5个要素：行为态度、主观规范、知觉行为控制、行为意向和实际行为（Ajzen，1989）。行为态度是指个体对特定行为的评价。行为态度的形成可从人们关于实施某种特定行为的重要性的信念和对行为结果的评价两个方面进行解释。主观规范指的是个体在实施某种行动时受到的外界压力。这些压力可能来自与个体密切相关的他人和团体。知觉行为控制与个体的经验和对阻碍的预估有关。个体的经验越多、掌握的资源越多、预估的阻碍越少，知觉行为控制就越强，反之就越弱。知觉行为控制直接影响实际行为或通过行为意向间接影响实际行为。行为意向是指个体想要采取特定行为的倾向。行为态度通常无法与行为表现出强相关，这可能是因为有许多潜在因素阻止了态度转变为行为。因此阿杰恩（Ajzen，1989）提出了行为意向的概念，将它作为加强态度和行为之间关系的因素。行为态度通过行为意向间接影响实际行为。研究表明，将行为意向纳入计划行为理论加强了行为态度和行为之间的关系（Conner et al.，1999；Furnham & Lovett，2001）。实际行为是指个体实际采取的行动。所有可能影响行为的因素会通过行为意向间接影响实际行为。而行为意向又会受到行为态度、主观规范和知觉行为控制的影响。就安全态度结构模型而言，最有影响力的观点来自苏·考克斯和汤姆·考克斯（Cox，S. & Cox，T.，1991），他们认为安全态度由对硬件的态度、对软件的态度、对人的态度和对风险的态度四部分组成。对硬件的态度包括对安全硬件和物理（有形）危害的态度。与之相关的各种物理因素被视为安全态度的对象，包括危险物质、防护设备等。对软件的态度包括对安全软件和安全概念的态度。安全软件包括安全方面的法规、政策等；安全概念包括事故倾向、成本效益分析、绩效指标等。对人的态度涉及组织内不同群体的态度，包括安全监管人员、安全专家或顾问（Kelly，1989）以及高管、工人等（Hinze，1978）。相关研究关注这些群体的角色定位以及有关安全的胜任力指标，并提供范例，改善组织内成员的安全态度。对风险的态度涉及风险行为，关注重点是个体对工作场所危险性的认识以及个体对风险的控制和抵抗能力。

（二）外显安全态度与内隐安全态度

安全态度是个体和群体有关安全的内在心理倾向，这种心理倾向的水平无法通过直接观察得出，而是需要结合言语、行为等外在表现加以评估。以往研究通常采用李克特式量表对被试进行测量，测量得分能够反映被试安全态度的强度，且量表的编制和使用较为简单，因此被各个领域广泛应用。如飞行管理态度量表是国际民航组织衡量航空公司飞行安全管理水平和安全文化水平的重要工具。在此基础上，福特等（Ford et al.，2014）从飞行员对工作角色的认识、对沟通与协作的认识以及紧急情况下团队合作水平三个方面编制了飞行员安全态度量表。在交通、医疗、化工、电力等安全关键行业，也有学者从安全态度的不同角度出发，开发各行业内的安全态度评估工具（齐林等，2012；吕金宏，2010；金如锋等，2003；范松丽，2007）。但随着研究的深入，有学者发现这种自我报告式的测评方法并不能捕捉到安全态度的所有方面（Marquardt et al.，2012），因为研究对象身处安全敏感行业，评估结果可能受到被试的控制和修饰，无法反映真实、完整的安全态度。因此，有专家提出了受意识控制的外显安全态度与无意识层面的内隐安全态度的区分（Schein，1990；Burns et al.，2006）。

和外显安全态度相比，内隐安全态度通常使用内隐测验进行评估，更能反映被试的真实态度。对它的研究主要集中在对安全绩效的预测作用以及其与外显安全态度的关系上。在航空安全态度研究领域，波利等（Pauley et al.，2008）的研究表明有关天气的内隐测试和飞行员的风险卷入行为相关。莫尔斯沃思等（Molesworth et al.，2009）也发现了飞行内隐测试和风险知觉可以预测模拟飞行绩效。晏碧华等（2015）对134名飞行员进行了调查，采用飞行管理态度量表作为外显安全态度的评价工具，并设计了两个内隐测试对内隐安全态度进行评估，同时运用专家评定法对其飞行绩效进行评价。研究发现，外显和内隐安全态度均能预测安全绩效，其中外显安全态度对飞行作风、飞行技能和机组管理水平的预测率较高，内隐安全态度对安全规章的执行与监督情况预测率较高。研究还发现，外显和内隐安全态度既相关又分离。总体外显安全态度和总体内隐安全态度成显著正相关。各维度中，评价性内隐安全态度和驾驶舱工作态度成显著正相关，情感性内隐安全态度和驾驶舱工作态度、自动化驾驶态度成显著正相关，但整体结构方程模型数据显示外显安全态度和内隐安全态度是相对分离的。在其他安全关键行业，也有一些研究对内隐安全态度进行评估。哈特菲尔德等（Hatfield et al.，2008）研究发现，有关公路安全行驶速度的内隐测试对模拟驾驶成绩有较好的预测效应。马夸特等（Marquardt et al.，2012）调查了5类工业企业员工内隐安全态度和企业安全文化的关系，用个人风险意识评定个人安全绩效，用组织失效报告和事故及其征候来评定组织安全绩效，发现内隐安全态度对个人安全绩效有预测效应，但与组织安全绩效不存在显著相关。胥遥山等（Xu et al.，2014）考察了核电站控制室操作人员的外显、内隐安全态度对安全行为的预测效应以及执行功能在其中的调节作用，证实了内隐安全态度测试的有效性。

二、安全态度的相关研究

安全态度是航空、汽车驾驶等安全关键领域研究的重要内容。其研究重点是对安全态度的构成要素进行分类、测量和评估，关注安全态度对安全行为的预测作用。已有研究表明，在各种安全关键领域，安全态度发挥了至关重要的作用。

在航空安全领域，飞行员是民航系统的风险首要责任人，保障飞行安全是其首要职责。研究表明，积极安全态度有助于增强飞行员的职业自豪感和安全操作的规范性，进而减少不安全行为。而消极安全态度则是导致飞行事故和事故征候的重要因素（Patankar，2003）。国内有关研究也证明，民航飞行员的安全态度是影响其安全驾驶规范性的重要因素（晏碧华等，2015）。但在安全管理领域，专门用于测量飞行员安全态度的问卷仅有亨特和伯克（Hunter & Burke，1995）编制的10种情境下飞行员的安全决策及操作行为的航空安全态度量表，以及严睿（2009）修订的中国飞行员航空安全态度量表。大部分研究都用民航企业安全文化、飞行员危险态度和风险意识、飞行管理态度等替代性指标作为飞行员个体安全态度的测评工具。

安全态度对安全行为有重要的预测作用，一直是心理学研究的重要课题。作为评价安全文化的重要内容，安全态度的操作性指标表现在安全理念、工作方式、工作程序等方面（曾祥思，2017）。然而在安全生产领域，也有研究表明安全态度对行为的预测作用并没有达到预期估值，例如迪娅等（O'Dea et al.，2010）通过总结以往研究并进行元分析发现，将飞行员安全态度与风险知觉结合，对风险行为和安全事故或事故征候的预测仅达到一个较低水平。在安全态度无法与具体行为指标良好匹配的基础上，有学者认为在对安全态度进行测评时，大多使用的是自陈报告式外显态度量表，而调研对象身处安全敏感企业，受社会赞许性效应影响，问卷得分分布多呈天花板效应，无法捕捉到个体真实的安全态度（Marquardt et al.，2012；Xu et al.，2014）。由此，一些学者开始引入内隐测试，评估员工内隐安全态度对安全绩效的预测作用，结果显示内隐安全态度可在一定程度上预测安全任务绩效。晏碧华等（2015）分别以内隐知觉与内隐安全态度为研究对象，证明了其对安全绩效的预测作用。

汽车驾驶安全态度对安全驾驶行为也有重要影响。纽南、格里芬和梅森（Newnam et al.，2008）研究发现，驾驶安全态度能有效预测安全驾驶动机和自我报告事故。威尔斯、沃斯顿和比格斯（Wills，Watson & Biggs，2009）证明了汽车驾驶安全态度对交通违规、驾驶错误、行车前维修等驾驶行为的预测作用。此外，研究还发现，汽车驾驶安全态度是对驾驶员安全驾驶意图的关键预测因素。国内研究也表明，摩托车驾驶员的安全态度对事故的发生有直接影响（罗佳，2011），而摩托车驾驶员的人格特征、年龄、性别、情绪状态及驾驶经验对安全态度也有重要影响。乌勒贝里和伦德莫（Ulleberg & Rundmo，2003）对挪威青少年的危险驾驶行为进行研究发现，个体的利他主义、焦虑等因素会对其交通安全态度产生影响，进而影响其驾驶行为。法拉（Farah，2011）发现，与年长驾驶员相比，年轻驾驶员更偏向于超速和近距离超车。阿卡特巴和阿莫-吉玛（Akaateba & Amoh-Gyimah，2013）发现，与男性驾驶员相比，女性驾驶员更倾向于安全驾驶；而在对交通违规罚款的感知上，男性比女性更强烈，也就是说，在面对有可能发生交通违规罚款的情况下，男性比女性更倾向于安全驾驶。瓦尔达基和亚尼斯（Vardaki & Yannis，2013）的研究表明，相同交通条件下，驾驶经验丰富的驾驶员，更可能有超车、飙车及不顾道路交通安全炫车技的行为。

医疗、建筑、石油化工等安全关键行业也开展了一系列有关安全态度的研究。吕金宏（2010）对医护人员的安全态度进行研究，发现组织因素（团队氛围等）和个体因素（压力感知等）是安全态度的重要影响因素。对建筑和石油化工行业的调查发现，安全态度对一线员工的安全操作行为有重要影响，良好的安全态度可显著降低风险事故发生率（刘家龙等，2016）。

三、安全态度的改善

已有研究表明，安全领导和安全教育是安全态度改善的关键。

高水平的交互型领导方式可以激发员工提出安全问题，维护工作场所安全，避免事故发生。有序开展安全教育，采用合适的教育方式，有助于改善员工的安全态度。

（一）安全领导

大量研究证明了领导者对员工安全态度改善的重要性。在领导者对员工安全态度的影响方面，两种领导方式发挥了重要作用：交互型领导方式和变革型领导方式。这两种领导方式都关注领导者与员工之间的关系，以及领导者如何激励员工从事与安全相关的活动。研究表明，这两种领导行为都会促使员工自愿参加与安全相关的活动（Clarke & Ward，2006；Hofmann et al.，2003；Mullen & Kelloway，2009）。基于社会交换理论，奥夫曼和莫尔格森（Hofmann & Morgeson，1999）指出与领导者建立良好关系（即高水平的交互型领导方式）的员工更有可能提出安全问题，致力于维护工作场所安全。在随后的研究中，奥夫曼等（Hofmann et al.，2003）发现交互型领导方式会影响员工对安全相关的角色定位，与领导者保持良好关系的员工更有可能将安全视为其职责的一部分。变革型领导方式是指领导者与员工之间的相互作用，使彼此之间在道德和动机方面达到更高的水平（Landy & Conte，2007）。研究发现，变革型领导方式会影响与工作相关的多种结果，包括员工的绩效、组织承诺、对领导的满意度等。巴林等（Barling et al.，2002）提出了基于安全的变革型领导方式的构建，并表明此种领导方式会影响员工对工作场所安全问题的认识以及他们对安全政策和实践的认识，这有助于减少事故的发生。马伦和凯洛威（Mullen & Kelloway，2009）使用干预方法的研究说明，基于安全的变革型领导力培训可以显著改善安全结果，为变革型领导方式与安全绩效之间的因果关系提供了实证支持。

格里芬和胡（Griffin & Hu，2013）将重点放在与员工安全相关的特定领导行为上，基于自我调节理论，确定了三种有助于提升员工安全态度的领导行为：安全激励、安全监督和安全学习。安全激励是指领导者对员工提出积极和可实现的安全愿景。安全监督是指领导者监控和回应团队成员在安全方面的失误。安全学习是指领导者鼓励团队成员参与与安全相关的学习。格里芬验证了上述三种领导行为与两种安全绩效（安全参与和安全服从）的关系，结果表明：安全激励与安全参与密切相关，安全监督与安全服从密切相关。此外，安全学习对安全监督与安全服从的关系起调节作用。也就是说，尽管安全监督对员工的安全服从行为有积极影响，但最好是在有学习支持的环境中进行安全监督，这样当领导者意识到任何不安全的行为时，他们会鼓励员工从这些错误中学习，使员工以更积极的方式感知安全监督的目的和意义。

（二）安全教育

张海奔（2015）总结了安全教育的方法：一是设定安全态度教育的对象。在接受一般安全知识、安全技能的教育后，员工如果多次产生不安全行为，即可将其认定为安全态度教育的对象。应对其所掌握的安全知识和安全技能以及性格、情绪变化、有无事故记录等情况建立档案，编写指导计划书，有的放矢地进行安全态度教育。二是形成集体安全愿景。应当通过集体之间的相互影响，树立安全范例，促进集体安全愿景的实现。三是营造安全氛围。要开展以人为本的安全教育，改善员工与员工之间、员工与领导者之间的关系，创造和谐的环境。四是领导者应起到模范作用。领导者必须以身作则，员工的安全态度很大一部分是通过对领导者的观察学习而形成的。第五是建立安全奖惩机制。通过奖惩制度对遵守安全规程、制止他人不安全行为的员工给予表彰；对不执行安全规程的员工给予惩罚。

在教育步骤方面，张海奔（2015）认为，第一步是分析行为处于何种状态，确定与之相适应的教育手段；第二步是阐明是非，通过沟通交流，形成一致态度；第三步是举例示范，用事故教训、亲情关系开展人性化教育；第四步是对态度进行评价。态度的形成跟价值判断有密切关系，要对知错就改的人予以肯定、对听之任之的人给予惩罚。遵循以上步骤，有助于增强安全态度教育的效果。

第三节　社会公共安全价值观

社会公共安全价值观是人们对有关社会公共安全是否有价值以及价值大小的认知和评定，作为社会公共安全文化的重要组成部分，社会公共安全价值观对社会成员的安全行为有重要的指导作用。本节将围绕社会公共安全价值观的理论基础、外在表现和影响因素三方面展开论述。

一、社会公共安全价值观的理论基础

罗基奇（Rokeach，1973）认为，价值观作为一种持久的信念，具有动机功能，是行动和态度的指导。施瓦茨（Schwartz，1992）认为，价值观是个人根据客体对于主体的重要性进行评判和抉择的标准。社会公共安全价值观是人们对社会公共安全价值的认知和评定，是人们安全行为的内在意向。它是抽象的、跨情境的，是安全行动和安全态度的指导，来源于个人和集体的需要。

根据沙因文化层次模型（Schein，2010），文化是一种控制外部适应和内部整合的基本假设的模型，可分为多个层次，包括外在表现出来的人工产物和规范、更加隐蔽的信念和价值观以及具有更多无意识特征的基本假设。这三个层次相互影响、相互作用。社会公共安全价值观建立在对应的基本假设之上，并受其影响。如果一个群体的信念和价值观与基本假设一致，那么就有助于将团体凝聚在一起，社会公共安全价值观就会得到更多的认同和支持，成为认同感和核心使命的源泉。基本假设包括潜意识的感知、想法、情感等，是解决某一问题时理所当然的方法，虽然个体意识不到，但这

些假设已经想当然地被认为是正确和合理的。这些基本假设存在于人们的自然属性、人际关系和活动之中。当组织中关于安全问题的解决方案屡试屡验，它就会被理所当然地视为正确。曾经仅凭直觉或价值观支持的基本假设逐渐被视为事实——这种共识来自安全的信念和价值观的反复成功实施。例如，对于工程设计师等职业来说，故意设计出不安全的东西是不可想象的，因为"事物应该是安全的"是一个理所当然的基本假设。对社会公共安全的基本假设实际上指导了社会公共安全价值观的塑造，它指导群体成员看待、思考和感受社会公共安全。

社会公共安全价值观作为抽象的、跨情境的变量，与安全行为、态度虽然不是一一对应的关系，但对个体或群体安全态度和安全行为的解释、预测和导向作用是明显存在的，反映了组织对安全的重视。根据文化层次模型，社会公共安全价值观之上处于最外层的因素是对应的人工产物和规范，包括可观察的行为和组织的环境、政策、仪式和习语等。社会公共安全价值观的人工产物和规范还包括使公共安全行为成为常规的组织安全流程，以及组织运作方式的说明和组织结构图。规范的制定有赖于从经验中学习。随着安全经验的积累，组织或个人会遇到一系列新情况，并从成功和失败中总结安全策略。安全经验与专业知识相辅相成，这意味着在面对安全问题的早期阶段，解决方案并不总是很明确（Dörner & Schaub，1994）。个体通常会采取"试错"的方法来测试，形成有关安全绩效和解决安全问题的常规方法（Rerup & Feldman，2011）。通常情况下，个体会尝试使用各种解决方案，直到找到行之有效的办法，然后制定并维持集体安全规范，直到发现其不再有效，继而寻找新的解决方案。在制定社会公共安全规范的过程中，组织成员会持续尝试安全策略并观察结果，验证组织的基本假设。有效的解决方案会强化假设，而无效的解决方案则会令人质疑假设。人工产物和规范是社会公共安全文化的一部分，象征着整个组织更深层次的安全价值观和相关基础假设，是社会公共安全价值观的体现。

二、社会公共安全价值观的外在表现

社会公共安全价值观的外在表现是指在社会公共安全方面可观察到的因素，主要体现在公共安全制度与规范、群众自发安全行为、非正式的安全惯例三方面。公共安全制度与规范反映了组织对安全的重视，通过整合安全经验，制定和颁布正式的安全制度和规范，系统性地保障社会公共安全。例如，《危险化学品安全管理条例》要求对各种危险化学品的危险程度进行分类，在运输和使用过程中严格管理和监督，保障社会公共安全。此外，《中华人民共和国道路交通安全法》、道路警示标识、驾驶证的考核制度等也是公共安全制度与规范的体现。社会公共安全价值观也表现在危机事件发生时群众的自发安全行为。例如，在地震发生时的心理危机干预志愿活动、群众自发的救助行为、网络上对安全知识的科普均为民众在"安全第一"的价值观下自发的行为表现。社会公共安全价值观还体现在非正式的安全惯例中。如电影《流浪地球》中的安全警示台词"道路千万条，安全第一条""行车不规范，亲人两行泪"成为网络流行语，进而在当时被一些交管部门作为交通安全宣传语。在某种程度上，非正式的安全惯例有助于安全价值观的宣传。

三、社会公共安全价值观的影响因素

社会认同理论认为，当个体认为自己属于某个群体时，会通过反复完善假设来减少感觉和行为上的不确定性。通过社会认同，个体重新定义自我概念和身份，更多地以理想的群体特征为基础。这意味着，个体越是认识到自己的群体成员身份是其身份认同的核心，就可能越少以自己现有的信念与价值观为指导，而更多地以群体的价值观和规范来指导行为。

比斯贝等（Bisbey et al., 2021）从组织、团体、个体三个层面分析了社会公共安全价值观的影响因素。这些因素会促进或阻碍个体对社会公共安全价值观的认同，会影响社会成员关于社会公共安全价值观的假设和规范。

组织是意图寻求具体目标并且结构形式化程度较高的社会结构集合体，与环境相互影响、相互作用。组织设定的条件创造了成员日常生活和工作的环境。组织因素如高层对安全的承诺、公共安全政策，能够使组织成员认同社会公共安全文化的规范、价值观和假设。当组织高层致力于保证安全时，会通过树立榜样影响组织成员。公共安全政策通过强化行为（如奖励认可）形成行为规范，促进个体更加认同社会公共安全价值观。

团体是介于组织和个体之间的集合体，组织更注重结构和内部机制，而团体更多地关注成员间的互动和共同目标的形成。团体的人际和社会因素会影响成员所认同的安全价值观。比斯贝等的研究揭示了可能促进社会公共安全价值观发展的两个团体因素：凝聚力和心理安全。凝聚力是指成员对团体及其目标的承诺，以及对团体价值观的自豪感和作为团体成员的感知（Beal et al.，2003）。有凝聚力的团体会通过积极的人际关系和社会认可推动文化变革，共享安全价值观。心理安全是指在群体中承担人际风险是安全的，即个体认为其所在群体中的其他人不会因为他敢于直言而嘲笑攻击他，或让他难堪（Edmondson，1999）。安全的环境有助于形成报告和讨论错误的氛围，帮助团体成员吸取教训，强化安全规范和价值观。

个体层面的因素是指组织中成员的个人特征。比斯贝等认为，影响社会公共安全价值观发展的个体因素包括安全知识及技能、控制感、个体对安全优先的承诺等。组织成员能够实施安全行为的前提条件是他们必须具备识别安全威胁和执行安全程序的知识和技能。组织需要鼓励和督促成员掌握安全操作相关知识，这是成员形成与安全文化相一致的社会公共安全价值观的基础。马利杜等（Mallidou et al.，2011）发现，成员的控制感会影响安全结果。随着行为的重复和强化，这种控制感和随之而来的责任感可能会形成一种规范模式，从而塑造组织的文化价值观。例如，一名护士对医生不准确的用药剂量提出质疑，如果护士看到了积极的结果，就更有可能在未来重复这种行为。但如果医生对此置之不理，护士可能会认为无法控制这种情况，并避免再次尝试。个人层面的因素还包括组织成员对安全的承诺以及"安全优先于其他目标"的理念。

　　除了上述组织、团体、个体三个层面的因素，榜样的作用也不容忽视。一个优秀成员会激发其他成员对社会认同的构建，促使其价值观与社会公共安全价值观保持一致。一些研究也从其他不同方面探索了社会公共安全价值观的影响因素，如个体-组织安全价值观契合程度和组织中个体的安全自我效能感（马跃和刘严萍，2021），以及工作投入（晏碧华等，2018）等因素。对于人的行为而言，价值观的影响是深刻且持续的，要确保每个成员认同社会公共安全价值观，就要对社会公共安全价值观进行持续强化。

第六章
社会公共安全文化的风险行为管理

社会公共安全文化是现代文化建设的重要组成部分，涉及政策管理、风险感知、安全意识以及安全行为的规范和管理。本章从社会公共安全行为的文化建设角度，介绍影响安全行为的因素，探讨安全文化建设对安全行为管理的重要作用，论述如何参与安全行为的控制，总结相关领域应急保障人员在社会重大风险的安全行为管理方面的经验。

第一节　社会公共安全行为的文化建设

社会公共安全行为的文化建设有助于提高公众的安全意识，形成积极的社会行为规范，减少安全事故的发生。社会公共安全行为的文化建设需要全社会共同努力和持续关注。本节介绍了社会公共安全行为的影响因素，阐述了社会公共安全行为的规范化问题，探讨了社会公共安全文化对安全行为的促进作用。

一、社会公共安全行为的影响因素

做好社会公共安全的风险行为管理，建设社会公共安全文化，需要研究社会公共安全行为的规律。研究社会公共安全行为的规律要从个体的行为规律出发，研究个体的行为模式和行为规范，掌握管理个体安全行为的方法。

（一）影响个体安全行为的心理因素

人的安全行为具有多样性、计划性、目的性、可塑性，受到安全意识水平的调节，既受思维、情感、意志等心理活动的支配，也受道德观、人生观和世界观的影响（林杰，2006）。影响个体安全行为的心理因素包括情绪、气质、性格三个方面。

情绪是受客观事物影响的外在表现，这种表现是体验，也是行为。情绪影响行为，从安全行为的角度看，当情绪处于强化阶段时，人往往有反常举动，可能导致不安全行为，例如思维与行动之间不协调、动作与动作之间不连贯（林杰，2006）。情绪会影响个体对环境的感知和反应，例如，焦虑和恐惧会使人过度关注潜在威胁，而忽视其他安全信息。情绪也会影响个体的决策过程，使其做出不安全选择，例如，愤怒会导致人们采取冒险行为。社会情绪是个体情绪的社会化体现，受社会影响与社会规则的共同作用。个体表达的情绪是社会影响与社会规则作用下的情绪表征，通过相互感染影响公众间的社会体验（孙明亮，2016）。面对突发事件，社会情绪会对公众的风险应对行为产生影响。

气质是个体固有的、相对稳定的心理特征。个体气质会在安全行为中表现出其特点。以日常工作为例，有的人表现出遵章守纪，安全意识较强；有的人则表现为冒失、急躁，安全意识较差。一般而言，人的气质分为多血质、胆汁质、黏液质和抑郁质四种。多血质个体活泼、乐观，情绪变化快而不持久，待人热情，易适应变化的环境，工作和学习精力充沛，安全意识较强，但不稳定。胆汁质个体易激动，精力旺盛，反应敏捷但难以控制情绪，安全意识较前者差。黏液质个体安静沉着，情绪反应慢而持久，不易发脾气和流露感情，动作迟缓而不灵活，在工作中能坚持不懈、有条不紊，但有惰性，对环境变化的适应性差。抑郁质个体敏感多疑，情绪易受影响，行动迟缓，在困难面前优柔寡断，胆小谨慎（郑锴，2004）。

人的气质影响其安全行为，因此，在工种安排、班组建设、人员选用上，要根据实际需要和个体气质进行合理调配。

性格是每个人最显著的心理特征，是在长期发展过程中形成的，不仅影响人的活动目的，也影响其达到目的的行为方式。性格表现主要有理智型、情绪型和意志型三种。性格与个体的安全行为倾向及应对方式紧密相关，理智型个体用理智来衡量一切，并支配行动，通常表现出较高的安全意识；情绪型个体的情绪体验深刻，安全行为受情绪影响大，且依赖情绪管理的有效性；意志型个体有明确目标，行为主动、安全责任心强（路伽坤等，2009）。性格不仅塑造个体的行为模式和风险应对策略，还影响个体对安全信息的认知、处理和执行能力。因此，在制定安全策略和预防措施时，要考虑个体性格差异。

（二）影响个体安全行为的社会心理因素

个体安全行为是几种社会心理因素相互作用的结果。影响个体安全行为的社会心理因素包括社会知觉、价值观和社会角色，这些因素影响个体在面对安全问题时的反应模式和行为选择。

社会知觉是指人们试图了解和理解他人的过程，个体会形成对他人的印象并通过他人的外部行为特征来了解对方的动机和意图。社会知觉分为对个人的知觉、人际知觉和自我知觉。社会知觉对个体识别环境中的潜在风险产生影响，人们通过观察和解读他人的行为和表情等非言语信息，推测他人的真实意图和可能的行为趋势，从而预判和规避可能的威胁或危险。社会知觉会影响个体在群体中的安全行为，在团队协作或集体行动中，个体对他人能力的认知和信任度会影响其决策。在社会认知中，当不同个体对客观事物的社会知觉与客观事物的本来面貌不协调时，会产生错误的知觉或偏见，如晕轮效应、首因效应、近因效应、刻板印象等，导致不安全行为发生。

价值观是个体行为的重要心理基础，决定着个体对人和事的趋近或回避、喜爱或反感、积极或消极等态度，对个体的安全行为具有导向作用。在面临安全问题时，个体的价值观会影响其决策过程。崇尚责任与规则的个体，在安全问题上表现为遵守法律法规和规章制度，拒绝任何可能带来安全隐患的行为；急于追求效率和结果的个体，可能忽视安全法规，选择冒险行为。价值观也通过影响个体间的社会交往，进而影响安全行为。持有相同安全价值观的群体内部会形成相互监督、彼此支持的安全行为模式；在跨文化交际中，理解和尊重对方的安全价值观，有助于建立和谐稳定的社会关系，降低因文化冲突引发的安全隐患。因此，要引导个体树立正确的安全价值观。

社会角色是一套社会行为模式，在社会生活中，每个个体都扮演着不同的角色，每一种角色都有一套行为规范，人们按照自己所扮演角色的行为规范行事。个体在特定社会环境中被赋予社会角色，包含权利和义务等多种社会期待，这些期待进一步规范和引导个体在特定情境下的行为表现。社会角色的期待与认同影响个体的安全认知和态度。当个体在某一角色中有积极的安全行为认知时，他们会倾向于遵从相应的安全规范，表现出与角色相符的安全行为。社会中的每个人同时承担多个角色，社会角色的变化会导致个体安全行为的适应性调整。在社会公共安全的行为管理中，要根据社会角色对个体安全行为的影响规律发挥个体角色的作用。

（三）影响个体安全行为的主要社会因素

个体安全行为的塑造是一个社会化过程，涉及多重社会因素的交互作用，这些因素通过内化为个体心理认知和行为模式作用于个体的安全决策。影响个体安全行为的社会因素包括社会舆论和风俗时尚。社会舆论是社会中大多数人对广受关注的议题所表达的观点和态度的集合。社会舆论对个体的安全行为有重要影响。当社会舆论对安全高度关注时，个体就有动力去采取安全行动，社会舆论产生的压力会抑制不安全行为发生。做好安全文化建设，就要发挥社会舆论的积极作用。风俗是特定地域内社会成员普遍遵循的行为模式，时尚是在一定时期内流行的行为模式。风俗与时尚对安全行为的影响既可能一致，又可能背离。如果风俗和时尚与安全行为一致，个体就更容易遵循相应的安全行为。如果风俗和时尚与安全行为相悖，个体就可能受其影响做出危险行为。因此，对于风俗和时尚，安全文化建设应取其精华，去其糟粕。

（四）环境和物的状况

环境、物的状况对劳动生产过程中的个体有显著影响。环境对个体的心理具有强烈的暗示性和诱导性。环境变化会刺激个体的心理状态，影响个体的情绪，甚至扰乱个体的正常活动（林杰，2006）。在不良环境中或物品设置不当的情况下，可能出现这样的模式：环境差→个体的心理状态受到不良刺激→扰乱个体的行动→出现不安全行为；物品设置不当→影响个体的操作→扰乱个体的行动→出现不安全行为。相反，环境好、物品设置恰当有助于调节个体的心理状态，激发积极情绪，产生安全行为。

不良环境（如噪声大、气温高、光照不足等）会引发不舒适、疲劳、注意力分散等问题，从而使个体的正常能力受到影响，导致行为失误和差错（王昊等，2019）。自然环境（如自然灾害）和社会环境（如社会风气）等都会对个体产生影响。如果物体设置不当，会影响操作的协调性，引发个体的负面情绪，导致不安全行为发生。所以，要创造良好的环境，保持物的良好状态，保障个体安全行为。

二、社会公共安全行为的规范化

社会公共安全行为的规范化旨在推动社会形成共同的价值观，不仅要求个体遵守法律法规，还强调个体责任感和社会参与意识，关系到个体安全和社会稳定。通过促进社会公共安全行为的规范化，可以有效降低事故和风险事件发生的可能性，提高社会整体的安全水平和生活质量。

（一）社会公共安全行为规范的定义和目标

社会公共安全行为规范是指国家及各级政府部门颁布的有关安全的法律、规定、指令、条例、办法、标准以及企业制定的有关安全生产的规章制度、技术措施和操作规程等的总称（毕作枝，2004）。社会公共安全行为规范涉及个人、组织和社会的各个方面，如遵守交通规则、尊重他人权益等，其目标是制止人的不安全行为和消除物的不安全状态，确保社会秩序和公共安全。具体来说，一是建立健全安全管理制度，规范社会公共行为，防止危害人民生命安全和财产安全的行为发生，提供安全的基础设施和服务，营造安全稳定的社会环境。二是规范公众行为，禁止破坏社会秩序的行为，维护社会秩序和公众利益。三是开展公共安全宣传教育，加强公众安全意识建设，提升大众的安全意识和自我保护能力。

（二）社会公共安全行为规范化的原则和内容

社会公共安全行为规范化的原则包括：第一，实事求是、与时俱进。秉承实事求是的原则，对社会安全问题进行全面分析和准确评估，确保相关安全措施能够有效减少安全隐患。伴随新的安全风险不断出现，要持续关注安全问题的新趋势、新形态，针对新问题调整和优化现有措施。第二，依法管制、强制执行。社会公共安全行为规范是为了维护社会秩序和保护公众安全而制定的，旨在为社会各领域的安全行为设定明确的标准和边界。依法管制是确保公共安全行为规范得以落实的关键，强制执行则是依法管制的必要支撑。强有力的法治保障和执行机制，有助于建立良好的社会信任，营造良好的安全环境。第三，以人为本、安全为先。要将个体的生命安全放在首位，关注每个人的福祉和幸福感。在此基础上，强调责任感和义务感，倡导每个人遵守行为规范，积极参与公共安全事务，提升社会公共安全水平。第四，科学管理、量化细化。落实科学管理，通过合理的管理体系和流程实现对社会公共安全行为规范的全面管理和监控，确保安全措施有效执行，提高安全管理效率。通过明确的指标和标准，对社会公共安全行为规范落实情况进行量化；通过明确的规定，对安全行为进行指导和规范，降低安全风险的发生概率。第五，全员参与、重在落实。每个人都应意识到自己的行为对社会公共安全的影响。只有全社会共同努力，才能保障社会的安全稳定。

社会公共安全行为规范化的内容，体现在接受安全教育、提高安全意识，服从安全管理、落实安全责任两方面。第一，接受安全教育、提高安全意识。安全教育是安全行为管理的基础。安全意识影响安全行为，"三违"问题（违反指挥、作业和劳动纪律规定）的出现，其根本原因是安全意识淡薄。全社会要加强常态化安全教育和培训，确保每个人掌握安全知识和安全技能，提高安全意识和安全素质。第二，服从安全管理、落实安全责任。发生突发事件时，遵循安全管理规定至关重要。政府要严格落实安全管理责任，不断优化安全责任管理系统；企业要明确安全生产责任，严格执行安全责任制度，并以此为核心形成企业安全文化；公众要对安全行为进行监督，营造自觉遵守安全制度的氛围。

三、社会公共安全文化对安全行为的促进作用

积极的社会公共安全文化是促进安全行为养成的关键。在公共安全文化宣传教育中，要强化个体的积极主动性、行为规范性，强化氛围营造和环境熏陶，使安全意识转变为自觉的安全行为。社会公共安全文化宣传教育和道德建设是提升社会公共安全文化素质、促进安全行为养成的重要途径。

社会公共安全文化宣传教育是构建与优化社会公共安全文化体系、提高社会公共安全文化素质的根本途径。社会公共安全文化宣传教育旨在引导公众对安全及安全实践活动形成科学的认知架构和正向的价值取向，提升公众的安全素质和安全技能，从而在面对安

全风险时能够迅速识别并妥善处置。例如，在公共卫生事件预防和应对方面，普及公共卫生常识，包括疾病预防知识，提升公众在公共卫生领域的危机意识与应对能力；在灾害预防和应对方面，注重地区性灾害知识的普及，帮助公众熟悉灾害类型及其潜在危险，提前规划防灾减灾措施。

社会公共安全文化宣传教育应采用多元化、多层次的传播与教育手段。第一，利用网络传播。网络是传播信息的主要渠道，具有覆盖面广的优势，极大地拓宽了安全信息的传播范围。第二，利用安全标识等开展宣传教育。对安全标识的熟视无睹是安全事故发生的重要原因。第三，运用线上线下结合的模式，通过安全知识竞赛等活动开展宣传教育。这类活动有助于提高公众对安全问题的关注度，提升公众应对安全威胁的能力。

在社会公共安全文化建设中，应注意社会公共安全文化道德建设。安全文化道德分为安全文化公共道德和安全文化职业道德两个方面（朱建军，2006）。安全文化公共道德建设是指通过多元化、多维度的形式，帮助公众形成清晰的价值判断，辨别哪些行为有助于保障自身及他人的安全，哪些行为会带来安全隐患。安全文化职业道德建设是指树立安全诚信意识，规范职业安全行为。违章违纪甚至屡纠屡犯、在发生事故后隐瞒不报等行为，都是缺乏安全文化职业道德的表现。社会公共安全文化道德建设是提升社会公共安全文化素质、促进安全行为养成的重要途径。要建立面向公众的安全文化公共道德体系和针对不同职业特点的安全文化职业道德体系。

第二节 社会公共安全行为的参与控制

社会重大突发事件具有突发性、紧迫性等特点，容易导致公众产生恐慌情绪和非理性行为。因此，做好社会公共安全行为的参与控制是应急管理的重要环节。本节将介绍风险事件中公众的行为特点，从自我行为控制、风险行为监控和工作流程控制三个方面，探讨如何实现公共安全文化建设行为管理的全员参与。

一、社会公共安全的自我行为控制

当突发事件发生时，公众的心理活动会经历复杂的发展过程，导致个体行为呈现出高度的易变性。菲什拜因和阿杰恩（Fishbein & Ajzen，1975）提出的"知信行"理论模型为我们理解这一现象提供了框架。其中，"知"指个体所掌握的信息和知识，"信"反映个体的态度和信念，"行"指个体在知识和信念指导下的具体行为。该模型强调，正确的知识和积极的态度是行为改进的基础，而行为改变的驱动力源于个体的态度和信念。因此，要实现有效的自我行为控制，需要从思想、情感层面改善自我意识。

（一）自我意识和自我行为控制

自我意识是人对自身身心状态及其与客观世界的关系的意识。它包括三个层次：对自身及其状态的认识，对自身肢体活动状态的认识，以及对自身思维、情感等心理活动的认识。在突发事件发生时，由于短期内信息获取的有限性和不确定性，公众可能难以形成对自身及当前状态的清晰认识。受心理因素的影响，个体容易表现出冲动情绪和过激行为。因此，提高自我意识水平成为控制情绪和行为的首要任务。首先，形成准确的自我评价。通过剖析自身的身体特征、身心状态，以及在社会中的角色与定位，个体能够不断校准自我评价，进而对心理和行为表现产生积极影响。其次，加强自我体验的训练。自我体验与个体对社会规范和价值标准的认识有关，直接影响个体行为倾向。通过自我价值感和自豪感的培养，个体能更好地调控自己的行为。最后，提升自我监控的能力。自我监控是个体对自身行为、思想和言语的监督和控制，它既能驱动个体实施某一行为，又能抑制与该行为无关或相悖的行为。通过持续的自我监控，个体能够确保自己的行为符合社会规范。

（二）情境因素和自我行为控制

情境因素是个体进行认知评估的基础，深刻影响着个体的应对行为。当公众面对不同风险情境时，会展现出不同的应急行为模式。构建与不同风险情境相适应的安全氛围，有助于加深公众对安全文化和安全理念的理解，促进他们形成正确的安全行为。在公众主动进行自我行为控制的情境中，如火灾预防，重点在于提升其风险意识。公众要了解并识别所处环境中的潜在风险，意识到自身行为对他人安全的影响。为此，应设定安全目标，明确行动计划。在计划执行的过程中，公众需要不断地对自己的行为进行调整，以确保行为的有效性。而在公众处于被动接受自我行为控制的情境中，如突发自然灾害等需要快速响应或专业干预的紧急情况，尽管公众不直接参与决策过程，但他们的行为对公共安全事件的处理结果有直接影响。因此，须加深公众对公共安全相关规定的理解，确保公众在紧急情况下能够按照规定的流程和步骤行动。

（三）风险认知和自我行为控制

风险认知是指公众对交通事故、疫情等各种风险事件的主观认知和判断，受事件本身的危险性、个体的主观感受及经验等多重因素影响。风险认知的形成是一个复杂的心理过程，它涉及对风险特征和严重程度的主观评估，受个体对风险的易感性、严重性、控制感、延迟性、陌生度（熟悉度）的感知等多方面因素影响（徐戈等，2017）。从公众在风险情境中的应对行为来看，风险认知对公众的行为选择有显著影响。风险认知程度越高，公众采取积极应对行为的频率也越高。在突发灾害性事件中，公众对风险的担忧会促使他们采取各种应对行为来规避、降低潜在危害（代豪，2014）。因此，提高公众的风险认知水平对于其自我行为控制十分重要。在此过程中，要注意三点：第一，风险认知水平存在显著的个体差异。个体的知识储备、生活经验等会影响其认知水平，社会应针对不同人群制定差异化的安全教育策略。第二，风险认知水平受到事件风险度的影响。高风险度的事件会使个体产生更强烈的风险感知，而低风险度的事件则可能导致个体低估风险。媒体在报道突发事件时，应客观、全面地呈现事件的起因、经过和结果，帮助公众形成准确的风险认知。第三，社会互动是影响风险认知水平的重要因素。通过与他人交流和分享经验，个体能够获取更多关于风险事件的信息，更全面地了解风险事件的本质、潜在影响及应对策略。这种信息交换和知识共享的过程有助于个体形成更准确、全面的风险认知，进而调整自己对风险事件的看法和态度。

二、社会公共安全的风险行为监控

社会监督作为公共安全行为的外在约束力量，为公共安全的风险行为监控提供了坚实的群众基础。其中，群众监督和媒体监督作为社会监督的主要方式，其作用日益凸显。作为一种深入社会基层的监督方式，群众监督有助于及时发现并纠正潜在的风险行为。相关部门要及时公开风险信息，主动听取群众意见，促进与群众之间的良性互动。同时，要拓宽监督渠道，为群众提供便捷的监督途径。对于群众反映的问题，要及时处理和反馈。媒体监督则具有广泛的影响力。媒体通过报道向社会大众及时传递风险信息，提高公众的风险意识，同时推动政府不断提升风险治理水平。在媒体监督的过程中，要注重信息的准确性与可靠性。此外，公众对风险行为的监督还包括各个行业协会的自律监督。各个行业协会通过对工作中存在的风险进行分析、评估，培育风险价值观，推动行业形成良好的安全文化。

社会对风险行为的控制是一个多层次、多维度的过程。首先，要增强公众的保护动机和责任感。保护动机是个体产生自我保护行为的主观意向，受威胁评估和应对评估的影响，直接影响公众在面对突发事件时的保护行为（孙明亮，2016）。通过安全知识学习等方式，可提升公众应对风险的能力和积极性。责任感是个体对承担自己的行为和决策后果的责任意识，它要求每个人认识到自身行为对社会安全的影响，主动采取措施来防范和应对风险。其次，要完善信息传播渠道。当重大突发事件发生时，个体的风险知识来源以信息的传播和沟通为主（谢晓非等，2008）。政府相关部门要不断完善信息传播渠道，准确及时传递风险信息，指导公众缓解焦虑情绪，采取正确的风险应对行为。此外，要加强与公众的沟通。政府相关部门和公众间良好的风险沟通，既能帮助决策者做出科学决策，也能帮助公众理性应对风险（徐建华和薛澜，2020）。信息公开是风险沟通的基础，相关部门要不断优化风险沟通机制，倡导全社会积极参与，共同营造有利于风险沟通的安全文化氛围。同时，应定期评估公众的风险沟通需求，让风险沟通信息更加易懂。过多使用专业术语容易造成公众对信息的理解困难，影响公众的风险认知和行为决策（曹珂馨等，2020）。

三、社会公共安全的工作流程控制

《中华人民共和国突发事件应对法》把管理流程分为预防与准备、监测与预警、应急处置与救援、事后恢复与重建四个阶段，完善各个工作流程之中和流程之间的风险控制是确保公共安全行为的基础。在预防与准备阶段，重点是减少风险源，加强风险防控的制度建设。须建立完善的法律法规体系，全面考虑潜在风险事件，明确各类安全风险的防控标准、责任主体和处罚措施，确保各项工作有法可依、有章可循。同时，应提高公众的安全意识和自我防范能力，通过宣传教育普及安全知识，增强公众的应急反应能力。在监测与预警阶段，重点是建立高效的监测体系，及时发现并预防潜在风险。要利用先进技术和设备，全面观察、记录和分析威胁社会安全的潜在因素。在监测的基础上，根据收集到的信息和数据，科学预测和评估安全风险，及时发布预警信息，提前预防和迅速响应。要加强安全文化建设，良好的安全文化能够确保预警信息准确及时地传达给相关方，从而采取必要行动应对风险。在应急处置与救援阶段，重点是迅速启动应急预案，组织力量进行紧急处置和救援，最大限度减少人员伤亡和财产损失。应急处置的及时性和有效性直接关系到对突发事件的控制和后续救援工作能否顺利进行。救援工作则是在应急处置的基础上，对受伤人员进行紧急救治和转移。救援工作的成功与否直接关系到受灾人员的生命安全和社会的恢复能力。要不断加强救援能力建设，完善救援物资储备和调配机制，确保救援物资及时送达受灾区域。在事后恢复与重建阶段，重点是迅速恢复社会秩序，减少突发事件带来的影响。恢复工作主要关注突发事件涉及区域的基础设施、公共服务等基本功能的恢复。重建工作则应注重长远规划和建设，确保与可持续发展目标相契合，以提升社会的整体安全性和抵御风险的能力。要严格遵循社会公共安全工作的管理流程，不断优化流程控制，以全面提升社会公共安全水平。

第三节　应急保障人员的安全行为管理

社会重大风险事件往往具有突发性，影响公共安全和社会稳定。医务人员、警务人员、志愿者等应急保障人员的安全行为管理，对风险事件的处置有十分重要的意义。本节将介绍影响这三类应急保障人员安全行为管理水平的因素及提升其安全行为管理水平的措施。

一、医务人员在社会重大风险事件中的行为管理

医务人员在社会重大风险事件中通常处于第一线，是承担救援任务的主力军。在重大传染病疫情等对公众健康造成严重损害的风险事件中，提高医务人员在响应速度、处置能力等方面的行为管理水平，对风险事件处置具有十分重要的意义。

蔡丛青和史文欣（2024）从应急知识储备、应急态度和实践技

能三个方面探讨了医务人员在社会重大风险事件中的行为管理水平。研究发现，医务人员应急态度得分率高于应急知识储备和实践技能得分率，说明医务人员应急意识较高，具有较好的主动性和积极性，但应急知识储备和实践技能亟待提升。因此，应扩充其应急知识储备，通过应急预案设计、应急情景模拟、桌面推演等措施提升医务人员实践技能，提高社会重大风险事件应急处置的快速反应和协同配合能力。同时，也有研究关注医务人员应对社会重大风险事件时的压力、心理健康问题对其行为管理的影响（余思雨等，2020）。研究发现，心理健康问题会对医务人员在重大风险事件中的行为管理水平产生负面影响。放松训练、紧急事件应激晤谈等心理干预措施可有效缓解压力及由其引发的心理健康问题。

张小燕和王斌斌（2022）从组织的角度探讨了如何提升医务人员在社会重大风险事件中的行为管理水平。第一，搭建统一的领导架构，下设专家指导组、物资调配组、感染管理组等，明确各组职能，统合协调，有序高效开展工作。第二，科学设置应急医疗岗位，建设以专科为特色的多梯队应急医疗后备队伍，作为社会重大风险事件中结构完备、功能齐全的应急团队。第三，完善应急处置方案和流程，规范防护设备使用、标本采集运送、职业暴露等方面的医疗处置流程，强化医务人员在社会重大风险事件中应急处置的规范性。第四，加强应急医疗队员培训，包括自我防护知识等理论培训以及医疗废物处理等流程培训。第五，完善激励和保障制度，为医务人员购买意外险、健康险等保险，定期对承担重大救援任务的医务人员进行健康监测。

二、警务人员在社会重大风险事件中的行为管理

警务人员是第一时间响应、迅速介入突发事件处置的关键力量。突发事件往往具有紧急性与复杂性，这就要求警务人员必须具备强大的心理素质（张海涛等，2021）。在社会重大风险事件中，警务人员所面临的风险，一类是身体损伤和疾病，受人、物、环境

等危险因素影响，另一类是心理障碍，受工作压力、突发刺激、倦怠情绪等因素影响。提升警务人员应对风险因素和复杂局面的能力，提升其在社会重大风险事件中的安全行为管理水平，不仅关乎他们自身的安全，更关乎应急处置的效果。

针对身体损伤或疾病等风险，要强化职业安全防护措施。要完善防护装备和执法设备的配置，提升警务人员的设备性能，并建立健全装备管理制度，充分发挥装备效用（简述芬和黄露，2020）。此外，要通过制度化培训，提升警务技能，避免在处置过程中出现站位不当、未保持安全距离等行为，保证执勤环境安全稳定（张雪梅，2023）。

针对心理方面的风险，要积极预防、精准识别、及时干预。可借助心理健康教育等心理支持手段，为警务人员提供心理援助，帮助他们缓解工作压力，调节情绪状态。这有助于增强他们的心理韧性，降低心理问题发生的风险（单冬，2021）。应通过定期心理健康测评、不定期谈心谈话等方式，了解警务人员的心理健康状况，及时发现并解决可能存在的心理问题（王纳新，2020）。应组织心理干预团队为相关警务人员提供心理支持，减轻他们的心理压力，避免高强度应激事件带来的长期心理创伤（徐芳，2008）。

三、志愿者在社会重大风险事件中的行为管理

志愿者是防灾减灾救灾工作体系的重要组成部分。志愿者所面临的风险受志愿组织动员、物资装备供给、现场应对处置、自我避险等方面影响。提高志愿者在社会重大风险事件中的行为管理水平，有助于降低志愿者所面临的风险，提高志愿者的服务效能，充分发挥应急志愿组织作用，这也是我国应急管理体系建设的必然要求。

科学的志愿者管理架构有助于提升志愿者在社会重大风险事件中的行为管理水平。第一，结合我国实际情况，建设由卫生行政管理部门领导，各类社会组织共同参与的应急志愿者管理体系，建设

应急志愿者信息库，开展志愿者信息动态管理。第二，通过系统培训提高志愿者的服务效能。培训内容包括志愿者专业技能和行为准则。第三，建立志愿服务评估及反馈机制。服务结束后及时进行评估，了解志愿者对相关技能的掌握情况，及时对志愿服务队伍管理机制进行调整和改进。第四，完善志愿者保障和激励机制。明确志愿者的责任和权利，为志愿行为提供行动依据；为上岗志愿者购买意外险、健康险等保险，提供必要的防护设备，保障志愿者的人身安全；将参与志愿服务情况纳入社会信用体系，推动公共服务领域志愿者优惠优待政策的落实。

第七章
社会公共安全文化评估

　　社会公共安全文化评估是指对社会公众的生命、健康、财产以及公共秩序等方面在各类灾难事件的影响下是否可能遭受损害或受到威胁进行评估的活动。当前我国社会公共安全管理侧重于应急处置，社会公共安全文化评估与监测体系有待完善。政府、企业等评估主体应遵循符合公共活动逻辑与规范的评估程序，建立和维护运行良好的评估机制，提升预警水平，提高危机应对效率，以应对各类危机事件。

第一节　社会公共安全文化评估概述

　　开展有效的社会公共安全文化评估，指导社会公共危机应急管理活动，就要先了解社会公共安全文化评估的内涵和价值，以及社会公共安全文化评估活动的主体和评估程序。只有对社会公共安全文化评估有了全方位的了解，才能在相应的理论基础上，有效地开展安全评估活动。

一、社会公共安全文化评估的内涵和价值

　　社会公共安全文化评估在社会公共危机应急管理领域有重要作用，旨在为危机管理者提供关于损害和威胁的信息，评估损害或威

胁的现状与发展趋势，分析灾害发生的原因或机制，并对风险治理以及应急救援活动的效果进行评估（肖群鹰和朱正威，2013）。社会公共安全文化评估的范围覆盖危机发生前、危机发生时、危机发生后三个关键阶段。内容包括危险源识别、危险后果评估、灾难需求评估、风险监测预警、风险治理绩效评估、应急管理绩效评估、应急能力评估以及社会公众对于灾难危害及救援活动的客观评估和主观感知等。国际上经常使用的"风险评估"概念，指的是在风险识别和估计的基础上，综合考虑风险发生的概率、损失幅度以及其他因素。通过这一过程，我们能够判断系统面临风险的可能性或危害程度，在与公认的安全标准进行比较之后，确定风险等级，由此决定是否需要采取控制措施，以及控制的具体程度（汪婧辉，2023）。胡税根（2009）提出，风险评估应在公共危机发生前或发生时进行，而社会公共安全文化评估在危机发生前、危机发生时、危机发生后各阶段都应进行。由此可见，社会公共安全文化评估包括风险评估。

社会公共安全文化评估的价值体现在三个方面：第一，通过社会公共安全文化评估对社会风险进行评估与监测，有助于以现代化信息处理技术提升预警水平，弥补社会公共安全管理过多强调应急处置，整体安全防范体系不够完善、实时监测数据不足的问题。第二，通过社会公共安全文化评估有助于形成运行协调、反应灵敏的评估机制，及时公布权威评估结果，维护社会稳定。社会公共安全事件具有社会影响面广、预判难度大等特点，建立并长期维护运行良好的评估机制具有重要意义（谢永刚，2020）。第三，社会公共安全文化评估对应急管理和危机应对起指导作用。对重大社会公共安全事件的危险程度与发展趋势进行评估，有助于提高社会动员效率，补齐风险治理短板，科学实施应急救援计划。例如，新冠疫情期间，对疫情发展趋势、扩散途径的分析与评估，使得防控措施不断优化。

二、社会公共安全文化评估行为

社会公共安全文化评估需要多方共同努力。不同的评估主体需要根据不同情况采取不同评估程序，形成多方面、系统性的评估结果，预防社会公共安全事件发生，减少公共安全事件带来的损失。

（一）社会公共安全文化评估主体

社会公共安全文化评估主体包括政府、企业、研究团体和个人。许文慧和张成福（1998）认为，每一场冲突和危机都有独特的性质和结构，减少冲突和危机的关键在于制度安排。政府应当承担主导社会公共安全文化评估活动、获取社会风险信息、诊断危机成因、评估组织效能等责任，制定和调整各类公共危机管理制度。企业主要提供社会公共安全文化评估工具和评估结果。企业不仅开发风险评估软件等评估工具，还将评估结果视为最终产品。因此，企业往往在推动社会公共安全文化评估技术发展、开发社会公共安全文化评估工具以及提供评估结果等方面表现出较高的积极性。从事社会公共安全文化评估的研究团体存在于高校和研究机构。这些团体通常注重评估模型的理论研究，为政府提供理论支持。此外，一些个人也对社会公共安全问题表现出浓厚的兴趣，有开展社会公共安全文化评估的需要，他们通常更关注评估结果的实际应用。

（二）社会公共安全文化评估程序

要高效开展社会公共安全文化评估活动，就必须设计符合公共活动逻辑关系与程序规范的评估程序。社会公共安全文化评估程序包括定量风险评估程序、PDCA循环评估程序、健康风险评估程序、针对工厂建设的安全评估程序、环境风险评估程序等。

定量风险评估程序通过评估对象失效的概率和失效后果的危害大小来精确描述被评估对象失效的危险程度，为社会公共安全文化评估提供量化分析方法和客观、科学的数据支持。定量风险评估要分析事故发生的原因和场景，以及通过对事故发生频率和后果的定量计算，得到量化的风险指标，并将这一指标与可接受标准进行比较，进而提出一系列措施以降低风险。定量风险评估程序包括七个阶段（多英全等，2007）：第一，前期准备与信息收集。定量风险评估需要对大量的数据进行收集、整理和分析，包括工艺流程图、建筑物和设备明细表、人口分布图等。第二，危险辨识。危险辨识主要指运用系统分析方法辨识评估区域内是否存在潜在危险，例如辨识评估哪些易燃、易爆物质或工艺故障、错误存在重大事故风险，常用方法包括专家访谈法、历史数据分析法等。第三，频率分析。危险品泄漏是火灾、爆炸等事故的根源，需分析确定不同类型事故发生的频率。频率分析包括对设备设施基础泄漏频率的分析、基础泄漏频率的必要修正、泄漏后事故场景的频率分析、火源点火可能性的分析等。第四，事故后果分析。事故后果分析基于事故后果伤害模型和伤害准则，得到热辐射、冲击波超压或毒物浓度等随距离变化的规律，并与相应的伤害准则比较，明确事故后果的影响范围。事故后果分析涉及对潜在事故情景的描述、危险物质泄漏量的计算、危险物质泄漏后扩散程度的评估、后果影响的评估。第五，数据库需求。定量风险评估程序需要借助数据库来处理大量的数据，包括危险源、人口、点火源以及气象等方面的数据库。通过基础数据分析，实现数据库自动调用数据。第六，风险计算。风险计算需借助专业的定量风险评估软件，计算过程中自动调用数据库中的频率数据及事故后果的内插函数，通过划分网格计算个人风险。第七，风险评估与风险管理。风险评估指确定危险源的风险并依据标准确定等级的过程。风险评估旨在提出相应的对策，从而把不可容许的风险降低到合理的范围内。风险管理的目标是通过合理安排生产过程中的资金、人员、设备、物料等，降低安全生产的风险，保证企业生产过程的安全。

PDCA循环评估程序亦称"戴明环"，是全面质量管理的基本工作方法，旨在持续改进和全面提升产品和服务的质量。胡税根

（2009）提出可以将 PDCA 循环评估程序应用到公共危机管理绩效评估中。PDCA 循环评估程序有四个阶段，依次为策划（Plan）、执行（Do）、检查（Check）、处置（Action）。策划阶段由政府负责集合有关部门、社会组织和个人的危机管理问题，制定解决方案。执行阶段的任务是执行方案，解决发现的问题。检查阶段则是检查各种绩效管理活动的执行情况，及时纠正执行中出现的问题。处置阶段分析总结问题的解决情况。有研究者在单层 PDCA 循环的基础上，提出多层 PDCA 循环理论。虽然单个 PDCA 循环能改进管理质量，但上述四个阶段并非只能运行一次，而应呈螺旋式上升形态：一个 PDCA 循环结束，部分问题得到解决；未解决的问题或新发现的问题将触发新的循环。社会公共安全文化评估可以借鉴和运用 PDCA 循环的思维方式和方法，通过不断策划、执行、检查和处置，促进社会公共安全事件的预防与解决，推动社会公共安全文化建设。

　　健康风险评估程序是通过估算有害因子对人体造成不良影响的发生概率，评估影响接触该因子的个体的风险的技术方法，主要应用于职业健康、食品安全、公共卫生等领域。根据美国国家科学院关于健康风险评估方法的研究报告，健康风险评估程序包括危害鉴定、剂量-反应评估、暴露评估、风险评定四个阶段。危害鉴定是指在人体接触有害因子的情况下，评估不良健康效应发生率是否增加。其关键是评估数据的质量、适用性和可靠性，旨在判定受评物质是否需进一步做定量风险评估，根据物质的毒性大小及人群暴露量确定危害等级。危害等级划分以对危害鉴定阶段的证据权重分级为前提，不同的有害因子有不同的证据权重分级方法。剂量-反应评估是对有害因子暴露水平与暴露人群中不良健康效应发生率之间关系的定量估算，是进行风险评估的定量依据（李志博等，2006）。在剂量-反应评估中要考虑不同种属间的关系，特别是要根据动物模型推算人体剂量-反应关系，旨在确定有害因子引起人体不良健康效应的最低剂量和暴露在此剂量水平下引起的超额风险。暴露评估对人群接触有害因子的强度、频率、时间进行预测或测量，是进行风险评定的定量依据。暴露评估包括鉴定暴露人群所具有的特征及确定有害因子在环境中的浓度和分布。在评估中应对暴露人群的数量、性别及年龄分布、所在地域、活动情况、暴露方式进行调查。风险评定对暴露人群在各种条件下的不良健康反应发生概率进行估算。风险评定包括两个方面：一是对健康风险的定量估算与表达；二是对评定结果的解释与对评估过程的讨论，特别是对评估过程中各个环节不确定性的分析，即对风险评定结果本身风险的评估（汪晶和阎雷生，1993）。其中剂量-反应评估和暴露评估会使健康风险评估产生不确定性。在剂量-反应评估中，动物实验和流行病学调查过程本身可能产生的偏差、选择的安全系数，以及不同种属和不同剂量之间剂量-反应关系推算所使用的各种模型和参数等，都是导致不确定性的因素（汪晶和阎雷生，1993）。在暴露评估中，监测过程本身的偏差以及计算过程中使用的各种参数等也是导致不确定性的因素。

孙连捷（1999）提出了针对工厂建设的安全评估程序。该程序主要用于工厂建设领域的社会公共安全文化评估，旨在确保工厂的设施、设备和运营过程安全可靠，提高工厂安全文化建设成效和应对安全挑战的能力，减少事故发生的可能性。该评估程序分为资料准备、风险定性评估、风险定量评估、采取安全措施、事故历史信息评估和高危险度故障诊断六个阶段。一是资料准备。收集工厂相关资料，包括产品性能及其对人的影响，运输系统、安全装置的类别和位置，规程标准和操作指南，以及人员配备和组织架构等。二是风险定性评估。采用安全检查表进行评估，评估内容包括厂址选择、厂区布置、原材料、工艺流程、装备、运输、存储、事故预防计划等。三是风险定量评估。风险定量评估将系统划分为子系统及单元。每个单元按物质、容量、温度、压力和操作等分项计分，取分数之和，表示该单元的危险等级（孙连捷，1999）。危险等级的划分规则为：16分以上为Ⅰ级，属高危险度；11～15分为Ⅱ级，需结合周围情况联系其他设备进行评估；1～10分为Ⅲ级，属低危险度。四是采取安全措施。根据危险等级制定安全措施，包括人员配备调整、组织教育培训、实施维修计划等。五是事故历史信息评估。根据过去同类设备和装置的事故报告再次排查，发现需要改进之处，回溯前四个阶段，进行重复评估和整顿。六是高危险度故障诊断。对于第三阶段评定为高危险度的单元，用事故树等工具进行再评估，有针对性地予以改进完善。

环境风险评估程序是指评估由社会经济活动所引发的危害可能造成的损失，并在此基础上对社会经济活动进行管理和决策。环境风险评估程序通常应用于环境健康领域，如评估化学物质对人体健康和生态系统的危害程度，提出降低环境风险的对策。环境风险评估程序包括源项分析、事故后果分析、风险表征和风险管理四个流程。源项分析的关键是筛选最可能发生的且具有最大潜在风险的事故。事故概率统计可采用事故树分析法、类比法、统计归纳法等，一般采取统计归纳法对最可能发生的且具有最大潜在风险的源项进行分析。事故后果分析采用危害认定、剂量-反应评估和暴露评估三种方法，旨在估算有害物质在环境中的扩散和迁移情况、浓度分布及人员或生态的暴露程度与暴露剂量。在危害认定中，分析有害物质对人体的危害主要通过代谢与药代动力学实验、动物实验以及人类流行病学研究来确定，对环境的危害则通过环境监测来确定。剂量-反应评估通常通过各种调查和实验进行估算。暴露评估通常利用数学模型来处理污染物排放和迁移转化等数据进行，在条件允许的情况下可直接测定。风险表征通过综合资料和分析结果来确定有害结果发生的概率和可接受的风险水平。风险管理根据风险评估结果，运用有效技术手段对削减风险的费用和效益进行分析，确定可接受的风险度和损害水平，并根据社会经济等因素制定适当措施，降低或消除事故风险。

第二节　社会公共安全文化评估理论与分类

社会公共安全文化评估活动必须有相应的理论指导。了解社会公共安全文化评估理论及社会公共安全文化评估分类有助于有效评估社会公共安全文化，指导社会公共安全危机管理活动，提升社会整体安全水平。

一、社会公共安全文化评估基本理论

社会公共安全文化评估的基本理论包括危机管理理论、社会风险理论、社会冲突理论和事故致因理论。这些理论对指导社会公共安全文化评估具有重要的意义。

危机管理理论为社会公共安全文化评估提供了理论依据。危机管理理论包括4R危机管理理论和生命周期理论，有助于深刻认识危机的本质、特征以及发展规律。4R危机管理理论由危机管理专家罗伯特·希斯（Robert Heath，2004）首先提出，该理论由缩减力、预备力、反应力、恢复力四个阶段组成。要使危机管理发挥作用，就需要对这四个阶段进行整合。其中，最重要的是缩减管理，其贯穿于危机管理的整个过程。在预备力阶段中，运用缩减管理的风险评估法可以及时修正或加强可能会失效的预警系统。在反应力阶段中，管理者可以运用缩减管理来发现危机产生的根源，从而找到应对危机的方法。在恢复力阶段中，可以使用缩减管理评估执行恢复计划时可能产生的风险。生命周期理论由美国危机管理学家斯蒂文·芬克（Steven Fink，1986）提出，该理论认为公共危机一般经历潜伏期、暴发期、持续期和解决期，形成一个生命周期。在这个生命周期中，随着时间推移，危机也会发生变化，不同阶段呈现不同的特征，因此需要根据这些特征采取相应的对策，以预防或减轻危机带来的影响。在潜伏期，危机的诱因逐渐积累，危机逐渐形成，此时常会出现预示危机到来的征兆。如果能及时察觉这些征兆，并采取有效的措施，可以最大限度地避免危机可能带来的后果。暴发期是危机造成损害的时期。在危机暴发后，如果能立即采取行动则可以控制危机的影响范围。持续期的主要任务是通过救援处置和资源调配以及危机沟通，将危机控制在一定的范围和程度之内，减少危机造成的连带影响，进而避免次公共危机。解决期应进行公共危机的分析和总结，提出改进措施，预防危机结束后可能仍然存在的各种持续性影响，避免危机再次发生。危机管理的有效性和可持续性需要建立在良好的社会公共安全文化基础上，在社会公共安全文化建设中综合运用危机管理理论，有助于指导政府、组织和个人采取相应的措施来提升整个社会对危机的防范和应对能力。

社会风险理论用于分析和解释风险事件对社会的影响及其背后的原因，为社会公共安全文化评估提供理论框架和方法论。社会风险理论包括风险的社会放大理论和风险分析理论。这两个理论有助于理解社会风险对公众心理、社会结构、制度机制等方面的影响，进而评估社会公共安全文化的薄弱环节和风险源，制定更有针对性的安全政策和措施。社会放大理论用于解释风险的变异。1988年，美国克拉克大学决策研究院提出"风险的社会放大"框架，致力于回答为什么有些相对较小的风险或风险事件反而会引起公众的关注并产生重大影响。基于上述理论框架，风险的社会放大理论认为，公众对风险的感知度、风险行为及行为模式会受到风险事件与社会、心理等因素之间相互作用的影响。由此可以推测，在公共危机发生以后，风险处在变化的过程中，公众的反应对风险的改变有直接影响。因此，政府在应急管理过程中必须做好风险源的信息管控，重视专家对事件后果的评估以及风险信息发布、媒体宣传报道等环节（肖群鹰和朱正威，2013）。风险分析理论用于解释风险的研究方法。在重大工程项目建设中，对社会稳定风险的分析主要涉及风险机理和脆弱性两方面，即必须考虑风险事件发生的可能性和后果严重性。可从风险固有属性和脆弱性（风险承受能力、风险控制能力等）分析事件发生的可能性和后果严重性。运用社会风险理论评估社会公共安全文化，有助于全面了解和评估社会面临的各种风险，进而制定有效的安全管理策略和措施，提升社会的整体安全水平。

关于社会冲突的理论提供了对社会动态、矛盾与冲突的深刻理解，揭示了社会中存在的利益分配不均、资源分配不公等问题，这些问题可能成为社会公共安全的危机源。关于社会冲突的理论为社会冲突的解决提供了指导原则，指出了冲突处理的方式和机制。这些理论包括社会失范理论、社会冲突理论和社会安全阀理论。社会失范理论用于分析社会冲突的成因。社会失范是指当社会规范无力或缺失时，个人和社会所出现的混乱、不知所措的状态。此概念最早由法国社会学家涂尔干（Durkheim）提出，后来美国社会学家默顿（Merton）对其作了修正和补充，以此解释社会越轨行为。该理论认为，在理想社会状态下，社会结构为人们实现理想目标提供了比较充分的合法制度化手段。在这种情况下，社会合法目标和制度化手段之间是相互协调的。而"失范"则是社会成员所期望的目标和合法化手段之间的背离，社会成员的行为缺乏规范约束，人们就会为了实现目标采取不合法的手段。社会冲突理论用于阐述冲突的社会性，主要由科塞（Coser，1956）、达伦多夫（Dahrendorf，1959）提出，重点研究社会冲突的起因、形式、制约因素及影响，强调社会冲突对社会发展的积极作用。科塞最早使用"冲突理论"这一术语。他基于乔治·齐美尔（Georg Simmel，1955）关于"冲突是一种社会结合形式"的命题探讨了社会冲突的功能。他认为，在一定条件下，冲突具有保证社会连续性、减少对立两极产生的可能性、防止社会系统的僵化、增强社会组织的适应性、促进社会整合等正功能。社会安全阀理论则提供了冲突的解决办法。社会安全阀理论强调消除心理紧张在解决社会冲突、排解敌对和不满情绪中的作用，主张将人们的敌对、不满情绪引离原来的目标，用其他替代性手段，使它们得以释放。理解社会冲突的起因、形式和制约因素，有助于评估社会公共安全文化中的潜在风险，为预防和化解社会冲突提供理论指导。

事故致因理论包括事故频发倾向理论、因果连锁理论和能量意外释放理论。对事故致因的研究和分析，可以为全面认识和理解事故发生的原因和机制，评估社会公共安全文化中存在的隐患和风险提供指导。一是事故频发倾向理论。1919年，英国的格林伍德（Greenwood）和伍兹（Woods）对一些伤亡事故的发生次数做了统计分析。在此基础上，有研究者提出了事故频发倾向理论。事故频发倾向是指个别容易发生事故的稳定的个人内在倾向，事故频发倾向者的存在是发生生产事故的主要原因，如果企业中事故频发倾向者的数量减少，就可以减少生产事故。正是基于这样的理论认识，人员选择就成了当时预防事故的重要措施。企业在招录员工时，往往要从众多求职人员中选择身体素质、智力、性格特征及动作特征等方面符合要求的人。但该理论也产生了一些负面影响，部分企业以事故频发倾向理论为借口，掩盖工业设备中的各种缺陷，把事故责任全部推给员工，这种将生产事故频发归因于个人特质的理论失之偏颇。二是因果连锁理论，又称为海因里希模型或多米诺骨牌理论。海因里希（Heinrich，1931）首先提出因果连锁理论，认为伤亡事故的发生不是一个孤立事件，而是一系列事件相继发生积累导致的结果，旨在阐明导致伤亡事故的各种原因及其与事故间的关系。该理论认为事故的因果顺序由四个部分组成，分别是遗传及社会环境、人的缺点、人的不安全行为和物的不安全状态。遗传及社会环境是造成人本身缺点的原因。遗传因素可能使人具有鲁莽、固执、粗心等不良性格，社会环境可能助长不良性格。人的缺点是遗传及社会环境因素相互作用的结果，是使人产生不安全行为或使物处于不安全状态的主要原因。人的不安全行为或物的不安全状态是指过往经历中引发过事故，或未来有概率引发事故的个体的行动或机械、物质的状态。海因里希还指出，通过改善社会环境使人具备更为良好的安全意识，或通过加强培训使人具备较好的安全技能，都能在不同程度上移去因果连锁中的某一"骨牌"来增加该过程的稳定性，使事故得到预防和控制。该模型也存在明显的不足，它过多考虑了人的因素，对事故致因连锁关系的描述过于绝对化。三是能量意外释放理论。该理论从与事故发生有关的物理特性角度出发，阐明了事故发生的连锁过程：在人类生产、生活中存在各种不可缺少的能量，管理失误会导致个体的不安全行为和物的不安全状态，上述行为和状态之间的相互作用会令危险物质和能量逸散，并迁移影响相应范围内的人体和设备，导致人员伤亡或财产损失等后果。因此，可通过减少能量和加强屏蔽来预防事故。综合应用事故致因理论进行社会公共安全文化评估，有助于评估社会公共安全文化中的薄弱环节和潜在风险，为采取有针对性的安全管理措施提供指导。

二、社会公共安全文化评估分类

社会公共安全文化评估分为风险指数评估、风险预警评估、风险诊断评估与公共危机管理绩效评估四类。

一是风险指数评估。风险指数评估是指运用多个指标，从多方面对一个参评单位进行评估，用于经济指数评估、经济效益评估、单位个人效益评估等。风险指数评估的流程如下：首先，明确指数评估体系，即了解指标的总量，此步骤为全流程的基础。其次，采集汇总数据，对计量单位各异的指标数据采取量化处理，以得出标准值。再次，确定指标体系中各指标权重，保证评估的科学性。依照设定的标准并联系上一步确定的权重，对指标数据进行综合运算。最后，以评估指数的变化为基础，归纳其变化规律，得出结论。孙明和易好磊（2015）用风险指数评估法对村镇社会公共安全文化评估体系作了研究，认为村镇社会公共安全文化评估体系必须满足五个条件：反映村镇自然灾害情况；反映村镇环境变化情况；反映村镇社会情况；反映村镇社会公共安全文化管理情况；指标数据容易量化计算，便于分析。村镇社会公共安全文化评估体系的指标选取和权重确定，可采用层次分析法和主成分分析法。

二是风险预警评估。风险预警评估是在警情发生之前对其进行预测预报。在社会公共安全文化评估中，预警系统的运作过程实质上是公共组织在风险预防和控制中的危机信号捕捉与风险等级定位过程（肖群鹰和朱正威，2013）。预警机制包括明确警情、寻找警源、分析警兆、预报警度四个步骤。明确警情是预警的前提。对于警情指标，可用定性与定量相结合的方法确定其状态的安全变化区间，即安全警限。若数值超过这一区间，则表明警情出现。寻找警源是预警过程的起点，从生成机制来看，警源包括自然警源（大气环境、资源保有储量等）、外生警源（如国际关系变化等）、内生警源（如本地区经济社会活动等）。警兆是警源的扩散或警源扩散过程中产生的其他相关现象。分析警兆是预警过程中的关键环节。预报警度是预警系统的最终产出形式。根据警兆变动情况和报警区间，参照警限或警情等级，运用定性与定量相结合的方法分析警兆报警区间与警情警限的关系，结合经验，预报警度（徐立丽和王慧敏，1999）。

三是风险诊断评估。风险诊断评估是危机处理过程中的重要环节，涉及危险源辨识、风险成因诊断和风险产生机制分析。危险源辨识旨在准确识别公共安全事故的风险源头，风险成因诊断旨在探究危机发生的原因，风险产生机制分析旨在评估核心影响因素的恶化程度、灾难变化的规律和轨迹等。风险诊断评估可采用经验法、专家法、设备法、挖掘法、注册法、检查表分析法与事故树分析法，通常多种方法交叉使用，使评估结果更加准确。

四是公共危机管理绩效评估。公共危机管理绩效评估是危机管理的最后一环，旨在完善危机管理制度，提升组织面对危机的应急能力和事后恢复能力，避免同类危机再度发生。这既是对政府已有危机管理意识、能力和业绩的评估，也是制定未来危机管理政策、计划的重要参照（周晓丽，2009）。公共危机管理绩效评估按照时间序列可分为三种类型：公共危机发生前的预警管理绩效评估、公共危机处理过程中的实时评估、公共危机善后处理绩效评估。公共危机发生前的预警管理绩效评估属于公共危机管理绩效评估的核心内容，评估过程与风险预警评估类似。公共危机处理过程中的实时评估，旨在通过迅速有效的监控与评估，提高公共危机处理绩效。公共危机善后处理绩效评估旨在全面评估、总结经验并吸取教训，进一步改进公共危机管理举措，提高绩效，更有效地开展危机后的恢复与重建工作。

第三节　社会公共安全文化评估方法

社会公共安全文化评估方法包括量化评估法和质性评估法。量化评估法是用数字测量或高度标准化的程序，如问卷调查法、大数据分析法、模糊综合评价法等对安全文化进行评分。质性评估法则重在获取研究对象大量的、深入的信息，包括观察法、访谈法和案例分析法等。

一、量化评估法

量化评估法指的是按照某种标准来测定研究对象的特征数值，或对量化数据进行收集和分析，以揭示某些因素之间的数量变化规律。这种方法能够以精确、客观的方式揭示社会公共安全文化的现状、发展趋势及存在的问题，为制定有效的公共安全策略和措施提供科学依据。社会公共安全文化领域常用的量化评估法包括问卷调查法、大数据分析法、模糊综合评价法。

问卷调查法旨在通过标准化的问卷工具收集和分析数据，以揭示社会现象、探究人类行为及其背后的原因。这种方法的核心是研究者根据研究目的设计问卷，向特定样本群体发放，并通过受访者的回答来收集相关数据。问卷调查法的优点是其标准化和可量化的特性。调查问卷的可靠性和有效性往往经过科学的检验，研究者可以确保每个受访者都面对相同的问题和选项，从而保证了数据的可比性和一致性。此外，问卷调查法通常能够在短时间内收集到大量数据，且成本相对较低，使得研究能够更广泛地覆盖目标群体，提高研究的代表性和普适性。例如，有研究者采用自我管理的安全文化问卷对某地区大学生的安全文化进行调查（Gong，2019）。结果发现，大学生安全文化水平存在性别差异，女性的安全文化水平高于男性，此外了解更多安全相关知识的个体的安全文化水平会更高。然而，问卷调查法也存在局限性。例如，受访者的回答可能受到主观因素的影响，导致数据存在偏差。此外，问卷设计的质量直接关系到数据的可靠性和有效性，如果问卷设计不当，可能导致数据质量下降，甚至影响研究结论的准确性。

大数据分析法融合计算机科学、数学、统计学等多个领域的技术，能够对大规模、多维度、高精度的数据进行处理、分析和挖掘，以揭示社会现象背后的深层规律和关联性。在数字化时代，各类在线平台、社交媒体等网络工具生成了庞大的数据集合，这些数据记录了大量有价值的信息。大数据分析法能够提供更全面的数据样本，克服了传统方法样本数据有限的问题，使得研究结果更加接近真实情况。并且还可以通过机器学习和数据挖掘技术，挖掘变量之间的潜在关系，为社会科学研究提供新的视角和思路。例如，有研究者使用社交媒体数据对社会公共安全文化进行评估，通过关键词筛选和提取的方式，收集了2015年至2019年推特平台上某地区所有涉及公共安全文化的用户文本数据，并运用情感分析和主题建模技术进行数据处理（Sujon & Dai，2021）。结果发现，该地区大部分民众认为公共安全十分重要；然而，同样有较多民众对预防不安全事件的可能性持中立或消极态度。可以看出，大数据分析法能够帮助研究者从更广泛、更全面的数据源中获取信息，得出更为精确和全面的结论。然而，该方法往往会更侧重于数据的数量而非质量。在处理数据时，它可能过于关注数据的规模和覆盖范围，而忽视了数据的真实性和准确性。此外，大数据的复杂性和多维度，导致很难准确捕捉和解释社会现象的深层含义。

模糊综合评价法是在综合考虑与评价对象相关的所有因素的基础上，运用模糊变换原理和模糊数学理论来描述模糊信息，通过构建模糊评价矩阵和确定权重向量，计算出各评价对象的模糊综合评价值，将专家定性评价转换为定量评分。该方法可有效处理评价过程中存在的模糊性和不确定性，使评价结果更加接近实际情况，并能够综合考虑多个评价因素，从而得到一个全面、系统的评价结果。例如，有研究者运用模糊综合评价法，建立了高校安全文化建设水平的模糊综合评价模型，对某高校安全文化建设进行定量评估（Hu et al.，2022）。结果发现，使用模糊综合评价法得出的评估结果与实际调查结果具有高度一致性，证实了这种评估方法的可行性。不过需要注意的是，模糊综合评价法涉及模糊矩阵的运算和权重向量的确定，其计算过程相对复杂，需要一定的数学基础和计算能力。此外，在将定性信息转化为定量信息的过程中，可能会损失一些重要信息，影响评价结果的准确性。

二、质性评估法

在社会公共安全文化的评估研究中，除量化评估法外，质性评估法也十分重要。使用质性评估法，研究对象通常被当成信息提供者，他们和研究者直接或间接互动，并且在讨论中使用他们自己的术语和概念描述其观点。因此，在质性评估中，可以获得研究对象用自身语言描述的大量的、深入的信息。常用的质性评估法有观察法、访谈法、案例分析法等。

观察法是研究文化现象的有效方法，在自然条件下，通过对表现被试群体心理活动的外部现象进行有计划的、系统的观察，从中发现心理活动产生和发展的规律性。在对安全文化进行评估时，通常将观察法与其他定量研究方法结合起来，为理论构建和新理论的验证提供丰富的定性信息。例如，库珀等（Cooper et al.，2019）开发了一个有关安全文化的评估工具，在对此工具相关标准有效性进行验证时，选取了实际的安全绩效作为效标。将观察到的重伤事件、急救次数、未遂事故数量等实际发生的安全事故与安全文化模型中提出的主题如安全领导、安全遵循等自我报告测量得分进行关联分析，以此验证安全文化模型中各主题的有效性。观察法表面上看具有较高的生态效度，但不足之处在于，未经控制的条件下事件很难严格按相同的方式出现，因此观察的结果也难以进行检验和验证。同时，观察的结果也容易受到观察者本人兴趣、愿望以及知识、经验等的影响。

访谈法能够了解人们心中的一些基本信念，可用于探讨个体对安全文化的理解，一般分为个体深度访谈和专家小组座谈。在对安全文化进行评估时，访谈法一般也与定量研究方法相结合，为定量研究确定关键主题，有助于对定量研究结果做出解释。赵晓妮（2008）对中国民航领域安全文化进行了评估，在已有研究的基础上，通过对16名飞行员进行个体深度访谈，界定了中国文化背景下航空业安全文化的内容构成，提出航线飞行员职业文化、航空组织安全文化和驾驶舱文化三个独立的部分。此研究还在此模型基础上编制了航空安全文化问卷，探讨了其对机组安全飞行行为的影响。访谈法能够获得研究对象大量的深入的信息，对于理解和解释安全文化深层次的基本假设是有效的，但无法采用大样本访谈，同时需要付出巨大的经济成本和时间成本。

案例分析法有时也被作为安全文化的评估方法，对所分析的案例进行深入而详尽的观察与研究，以发现影响某种行为和心理现象的原因。案例分析法通常和其他方法，如观察法、文献分析法等配合使用。例如，奈维斯塔德等（Naevestad et al.，2019）基于挪威石油工业、北美铁路以及原子能机构三个部门的经验，探讨了如何将安全文化纳入监管工作，并提出11种影响安全文化的监管策略，以此促进组织改善自身的安全文化水平。案例分析法的不足之处在于只使用了少量的案例，得出的结论也许仅仅适用于这一类情况，因而在推广运用结论或归纳更具概括性的结论时必须谨慎。

参考文献

白舒娅．（2020）．公众自然灾害风险感知及动态演化研究（硕士学位论文）．武汉理工大学，武汉．

毕作枝．（2004）．安全行为规范执行难的原因及对策．煤炭经济研究，24（10），85-87．

蔡丛青，史文欣．（2024）．公立医院医务人员应急能力现状及相关性研究．河南医学高等专科学校学报，36（02），250-254．

蔡少铿．（2005）．安全文化内涵与全面小康社会安全文化建设．求索，26（05），63-64，162．

曹珂馨，潘昱良，高秀玉，等．（2020）．基于河北省公众视角的突发公共卫生事件风险沟通研究．医学与社会，33（05），11-15．

陈安，刘霞，范晶洁．（2013）．公共场所突发事件的应急管理研究．科技促进发展，20（02），69-77．

程鹏．（2017）．雾霾情景下公众雾霾感知的演化过程及风险应对行为选择研究（博士学位论文）．中国科学技术大学，合肥．

池宏，祁明亮，计雷，等．（2005）．城市突发公共事件应急管理体系研究．中国公共安全（学术版），1（03），21-32．

代豪．（2014）．雾霾天气下公众风险认知与应对行为研究（硕士学位论文）．华东师范大学，上海．

董颖红．（2015）．微博客社会情绪的测量及其与社会风险感知和风险决策的关系（博士学位论文）．南开大学，天津．

多英全，魏利军，罗艾民，等．（2007）．定量风险评价程序初探．中国科技信息，19（24），330-331．

范松丽．（2007）．电力企业安全态度研究（硕士学位论文）．北京交通大学，北京．

冯强．（2017）．媒体传播对个体风险感知的影响研究（博士学位论文）．武汉大学，武汉．

付在毅，许学工．（2001）．区域生态风险评价．地球科学进展，16（2），267-271．

格岩．（2023）．加强重大决策社会风险评估与治理．中国管理信息化，26（17），193-196．

胡税根．（2009）．公共危机管理通论．杭州：浙江大学出版社．

黄玺，吴超．（2018）．安全态度的转变过程及方法研究．中国安全科学学报，28（06），55-60．

姬鸣，杨仕云，赵小军，等．（2011）．风险容忍对飞行员驾驶安全行为的影响：风险知觉和危险态度的作用．心理学报，43（11），1308-1319．

季天宇．（2022）．新冠疫情初期公众的风险感知及其影响因素研究（硕士学位论文）．南京师范大学，南京．

简述芬，黄露．（2020）．交通警察执勤执法安全防护存在的问题及其对策——以四川省为例．四川警察学院学报，32（3），57-65．

焦娇．（2021）．风险管理在重大公共卫生事件安全管理中的运用研究．邵阳学院学报（社会科学版），20（01），45-49．

金如锋，甘才兴，柴尚健，等．（2003）．化工行业职工安全意识和态度及行为的现况调查．工业卫生与职业病，29（02），92-95．

李志博，骆永明，宋静，等．（2006）．土壤环境质量指导值与标准研究Ⅱ·污染土壤的健康风险评估．土壤学报，59（01），142-151．

林杰．（2006）．安全行为科学理论在电力生产中的应用研究（硕士学位论文）．贵州大学，贵阳．

刘博．（2020）．主动性人格对空乘人员安全绩效的影响（硕士学位论文）．陕西师范大学，西安．

刘超．（2010）．企业员工不安全行为影响因素分析及控制对策研究（博士学位论文）．中国地质大学，北京．

刘家龙，刘彬彬，吴祥．（2016）．煤矿工人安全态度测量量表编制．武汉理工大学学报（信息与管理工程版），38（02），28-31．

刘金平．（2011）．理解·沟通·控制：公众的风险认知．北京：科学出版社．

刘铁．（2004）．公共安全与公共管理．学习与探索，154（05），83-88．

路佃坤，王传领，李光宝．（2009）．关于对人的安全行为科学的探讨．煤矿现代化，6（6），82-83．

罗伯特·希斯．（2004）．危机管理：美国公司主管和公用事业机构官员的案头经典．北京：中信出版社．

罗佳．（2011）．化工企业安全氛围与组织支持感、安全绩效的关系（硕士学位论文）．河南大学，开封．

吕慧，高跃东．（2021）．浅谈我国安全文化的现状与发展．现代职业安全，21（01），22-25．

吕金宏．（2010）．手术室医护人员的患者安全态度调查．护理学杂志，25（22），43-47.

马跃，刘严萍.（2021）.安全价值观契合对矿工安全行为的影响：一个链式中介模型.中国安全科学学报，31（2），9.

齐林，常若松，刘新洋.（2012）.驾驶员安全态度问卷的编制.社会心理科学，27（9），4.

齐晓云，刘杰.（2021）.机场火灾旅客安全态度、风险感知与非适应性疏散行为的关系研究.中国安全生产科学技术，17（10），46-52.

钱超.（2009）.公路隧道突发事件交通控制与紧急救援预案研究（硕士学位论文）.长安大学，西安.

单冬.（2021）.EAP混合模式在警察压力管理中的应用.山东警察学院学报，33（02），154-160.

孙连捷.（1999）.安全评价和安全评价程序的论述.劳动保护科学技术，19（01），25-27.

孙明，易好磊.（2015）.村镇公共安全与评价研究.见中国城市规划学会（编），新常态：传承与变革——2015中国城市规划年会论文集（14乡村规划）（pp.1024-1031）.北京：中国建筑工业出版社.

孙明亮.（2016）.突发事件下公众风险应对行为的影响因素研究（硕士学位论文）.哈尔滨工程大学，哈尔滨.

汪晶，阎雷生.（1993）.健康风险评价的基本程序与方法.环境科学研究，6（05），52-56.

汪婧辉.（2023）.WWJT公司棕榈油采购风险控制研究（硕士学位论文）.桂林理工大学，桂林.

王飞.（2014）.风险感知视角下的公众防护型行为决策研究（博士学位论文）.中国科学技术大学，合肥.

王昊，王玉生，罗静．（2019）．不安全行为影响因素及控制方法研究．理论学习与探索，66（5），66-68，88．

王欢．（2015）．员工工作态度和工作行为管理研究．财经界，11（35），381．

王纳新．（2020）．新时代的大学生心理健康服务中心管理体制和运行机制探究——以河南警察学院为个案．心理月刊，15（11），18-19．

王艳，甘志强，赵琛，等．（2023）．2021年酒泉市×酒店一起食源性疾病暴发事件的调查分析．疾病预防控制通报，38（05），40-42．

翁列恩，李娇娜．（2013）．应对重大社会安全事件政府绩效评估的理论基础和模型设计．中国行政管理，20（4），109-112．

吴华．（2019）．意见领袖道德情绪与大众风险感知对组织污名的作用机制研究（博士学位论文）．中央财经大学，北京．

武瑞清．（2009）．论公安机关的突发事件应急管理机制．山西警官高等专科学校学报，17（02），28-31．

希斯．（2004）．危机管理．北京：中信出版社．

肖群鹰，朱正威．（2013）．公共危机管理与社会风险评价．北京：社会科学文献出版社．

谢晓非，李洁，于清源．（2008）．怎样会让我们感觉更危险——风险沟通渠道分析．心理学报，40（04），456-465．

谢永刚．（2020）．加快建立重大公共安全事件评估机制．黑龙江日报，7．

徐芳．（2008）．警察创伤后应激障碍（PTSD）及心理危机干预方法解析．武汉公安干部学院学报，22（1），47-49．

徐戈，冯项楠，李宜威，等．（2017）．雾霾感知风险与公众应对行为的实证分析. 管理科学学报, 20（09）, 1-14.

徐建华, 薛澜.（2020）. 风险沟通与科学传播. 科普研究, 15（02）, 5-12, 103.

徐立丽, 王慧敏.（1999）. 我国煤炭工业经济预警研究初探. 山西煤炭, 19（02）：4-6.

许文惠, 张成福.（1998）. 危机状态下的政府管理. 北京：中国人民大学出版社.

严睿.（2009）. 航线飞行员安全态度及驾驶行为规范性的关系研究（硕士学位论文）. 陕西师范大学, 西安.

晏碧华, 姬鸣, 赵小军, 等.（2015）. 根植于航空安全文化的内隐安全态度的预测效应. 心理学报, 47（01）, 119-128.

晏碧华, 刘真, 任杰, 等.（2018）. 自我效能感影响航线飞行安全绩效的多重中介模型. 心理学探新, 38（2）, 185-190.

余思雨, 严龙伟, 余菊, 等.（2020）. 应对突发卫生事件中的医护人员压力：压力源, 心理健康的风险和保护因素, 干预建议. 心理学进展, 10（7）, 10.

曾祥思.（2017）. 中国民航飞行员工作耗竭对安全公民行为的影响（硕士学位论文）. 陕西师范大学, 西安.

张海奔.（2015）. 企业员工的安全态度及其影响因素研究（硕士学位论文）. 浙江工业大学, 杭州.

张海涛, 周红磊, 李佳玮, 等.（2021）. 信息不完全状态下重大突发事件态势感知研究. 情报学报, 40（9）, 903-913.

张金晶.（2022）. 杭州市大型公立医院公共安全治理协同机制研究（硕士学位论文）. 华东政法大学, 上海.

张小燕, 王斌斌.（2022）. 公立医院突发公共卫生事件应急医疗队伍建设与管理探究. 中国医药导报, 19（25）, 146-149, 157.

张雪梅．（2023）．公安交通管理现场执法安全风险防范策略．辽宁警察学院学报，25（04），53-56．

张雅琦．（2013）．黄河流域水危机应急管理研究（硕士学位论文）．山东大学，济南．

张铮，李政华．（2022）．中国特色应急管理制度体系构建：现实基础、存在问题与发展策略．管理世界，38（01），138-144．

赵鹏．（2015）．食药安全在公共安全体系中的地位．医药经济报，16（F02），1-2．

赵晓妮．（2008）．航空安全文化对机组安全飞行行为的影响研究（博士学位论文）．陕西师范大学，西安．

郑锴．（2004）．浅析心理因素在安全行为中的影响．油气田环境保护，14（4），49．

周晓丽．（2009）．公共危机管理．北京：光明日报出版社．

朱建军．（2006）．论安全文化与职业教育的有机融合．中国公共安全（学术版），6（3），110-112．

朱娅萍．（2008）．企业安全文化建设．时代经贸，05（S1），46-47．

祝哲，张楠，张静，等．（2022）．新冠肺炎疫情中政府信任如何影响公众风险感知？——媒介依赖的调节作用．公共管理评论，4（03），47-69．

Adie, W., Cairns, J., & Macdiarmid, J. I., et al. (2005). Safety culture and accident risk control: Perceptions of professional divers and offshore workers. Safety Science, 43(2), 131-145.

Ajzen, I. (1989). Attitude structure and behavior. In Attitude structure and function (pp.241-274). Oxfordshire: Psychology Press.

Akaateba, M.A., & Amoh-Gyimah, R. (2013). Driver attitude towards traffic safety violations and risk taking behaviour in Kumasi: The gender and age dimension. International Journal for Traffic and Transport Engineering, 3, 479–494.

Awasthy, A. (2009). Disaster management: Warning response and community relocation. New Delhi: Global India Publications.

Bandura, A.(1977). Social learning theory. Englewood Cliffs, NJ: Prentice Hall.

Barling, J., Loughlin, C., & Kelloway, E. K. (2002). Development and test of a model linking safety-specific transformational leadership and occupational safety. The Journal of Applied Psychology, 87(3), 488–496.

Barry, J. M. (2009). Pandemics: Avoiding the mistakes of 1918. Nature, 459(7245), 324–325.

Beal, D. J., Cohen, R. R., & Burke, M. J.,(2003). Cohesion and performance in groups: A meta-analytic clarification of construct relations. Journal of Applied Psychology, 88(6), 989–1004.

Burger, J., Gochfeld, M., Jeitner, C., et al. (2014). Heavy metals in fish from the Aleutians: Interspecific and locational differences. Environmental Research, 131, 119–130.

Burns, C., Mearns, K., & McGeorge, P. (2006). Explicit and implicit trust within safety culture. Risk Analysis, 26(5), 1139–1150.

Choudhry, R., Fang, D., & Mohamed, S. (2007). Developing a model of construction safety culture. Journal of Management in Engineering, 23(4), 207–212.

Chung, H. K., Kim, O. Y., Kwak, S. Y., et al. (2016). Household Food Insecurity Is Associated with Adverse Mental Health Indicators and Lower Quality of Life among Koreans: Results from the Korea National Health and Nutrition Examination Survey 2012−2013. Nutrients, 8(12), 819.

Clarke, S. (2000). Safety culture: Under-specified and overrated?. International Journal of Management Reviews, 2(1), 65−90.

Clarke, S. (2006). The relationship between safety climate and safety performance: A meta-analytic review. Journal of Occupational Health Psychology, 11(4), 315−327.

Clarke, S., & Ward, K. (2006). The role of leader influence tactics and safety climate in engaging employees' safety participation. Risk Analysis, 26(5), 1175−1185.

Conner, M., Warren, R., Close, S., et al. (1999). Alcohol consumption and the theory of planned behavior: An examination of the cognitive mediation of past behavior. Journal of Applied Social Psychology, 29(8), 1676−1704.

Cooper, M. D. (2000). Towards a model of safety culture. Safety Science, 36(2), 111−136.

Cooper, M. D., & Phillips, R. A. (2004). Exploratory analysis of the safety climate and safety behavior relationship. Journal of Safety Research, 35(5), 497−512.

Cooper, M. D., Collins, M., Bernard, R., et al. (2019). Criterion-related validity of the cultural web when assessing safety culture. Safety Science, 111, 49−66.

Coser, L. A. (1956). The functions of social conflict. New York: Free Press.

Cox, S., & Cox, T. (1991). The structure of employee attitudes to safety: A European example. Work & Stress, 5(2), 93−106.

Curwen, M., & Devis, T. (1988). Winter mortality, temperature and influenza: Has the relationship changed in recent years?. Population Trends, 54, 17–20.

Cutter, S. L. (1993). Living with risk: The geography of technological hazards. London: Hodder Education Publishers.

Dahrendorf, R. (1959). Class and conflict in an industrial society (Vol. 1). New York: Routledge.

Dedobbeleer, N., & Béland, F. (1991). A safety climate measure for construction sites. Journal of Safety Research, 22(2), 97–103.

Dekker, S. (Ed.). (2005). Ten questions about human error: A new view of human factors and system safety. New York: CRC Press.

DeLind, L. B., & Howard, P. H. (2008). Safe at any scale? Food scares, food regulation, and scaled alternatives. Agriculture and Human Values, 25(3), 301–317.

Denison, D. R. (1996). What is the difference between organizational culture and organizational climate? A native's point of view on a decade of paradigm wars. Academy of Management Review, 21(3), 619–655.

Desclaux, A., Diop, M., & Doyon, S. (2017). Fear and containment: Contact follow-up perceptions and social effects in Senegal and Guinea. In the Politics of Fear: Médecins sans Frontières and the West African Ebola Epidemic(pp. 210–234). New York: Oxford University Press.

Dörner, D., & Schaub, H. (1994). Errors in planning and decision-making and the nature of human information processing. Applied Psychology, 43(4), 433–453.

Drinkwater, B. L., & Horvath, S. M. (1979). Heat tolerance and aging. Medicine and Science in Sports, 11(1), 49–55.

Dzindolet, M. T., Peterson, S. A., Pomranky, R. A., et al. (2003). The role of trust in automation reliance. International Journal of Human-computer Studies, 58(6), 697–718.

Easterling, D. R., Meehl, G. A., Parmesan, C., Changnon, S. A., Karl, T. R., & Mearns, L. O. (2000). Climate extremes: Observations, modeling, and impacts. Science, 289(5487), 2068–2074.

Edmondson, A. (1999). Psychological safety and learning behavior in work teams. Administrative Science Quarterly, 44(2), 350–383.

Farah, H. (2011). Age and gender differences in overtaking maneuvers on two-lane rural highways. Transportation Research Record, 2248(1), 30–36.

Fernández-Muñiz, B., Montes-Peón, J. M., & Vázquez-Ordás, C. J. (2009). Relation between occupational safety management and firm performance. Safety Science, 47(7), 980–991.

Fink, S. (1986). Crisis management: Planning for the inevitable. New York: AMACOM.

Fishbein, M., & Ajzen, I. (1975). Belief, Attitude, Intention, and Behavior: An Introduction to Theory and Research. Reading, MA: Addison-Wesley.

Ford, J., Henderson, R., & O'Hare, D. (2014). The effects of crew resource management (CRM) training on flight attendants' safety attitudes. Journal of Safety Research, 48, 49–56.

Furnham, A., & Lovett, J. (2001). The perceived efficacy and risks of complementary and alternative medicine and conventional medicine: A vignette study 1. Journal of Applied Biobehavioral Research, 6, 39–63.

Geller, E. S. (1998). Understanding behavior-based safety: Step-by-step methods to improve your workplace (2nd ed.). Neenah, WI: J. J. Keller

& Associates.

Geller, E. S. (2001). The psychology of safety handbook. Boca Raton, Florida: CRC Press.

Geller, E. S. (1994). Ten principles for achieving a total safety culture. Professional Safety, 39(9), 18.

Geller, E. S., & Glaser, H. (1996). Actively caring for safety. Dallas TX: Wescott Communications.

Gilkey, D. P., Keefe, T. J., Hautaluoma, J. E., Bigelow, P. L., Herron, R. E., & Stanley, S. A. (2003). Management commitment to safety and health in residential construction: HomeSafe spending trends 1991–1999. Work(Reading, Mass.), 20(1), 35–44.

Gillen, M., Kools, S., McCall, C., Sum, J., & Moulden, K. (2004). Construction managers' perceptions of construction safety practices in small and large firms: A qualitative investigation. Work(Reading, Mass.), 23(3), 233–243.

Glendon, A. I. (2006). Safety culture. In International Encyclopedia of Ergonomics and Human Factors(2nd ed.) (pp. 2287–2294). London: Taylor & Francis.

Global Network Against Food Crises(Ed.)(2023). 2023 Global Report on Food Crises. Food Security Information Network, FSIN.

Gong, Y. (2019). Safety culture among Chinese undergraduates: A survey at a university. Safety Science, 111, 17–21.

Gower, D. J., Doherty-Bone, T. M., Aberra, R. K., et al. (2012). High prevalence of the amphibian chytrid fungus (Batrachochytrium dendrobatidis) across multiple taxa and localities in the highlands of Ethiopia. The Herpetological Journal, 22(4), 225–233.

Greenwood, M., & Woods, H. M. (1919). The incidence of industrial accidents upon individuals: With special reference to multiple accidents (No. 4). London: H. M. Stationery Office.

Griffin, M. A., & Hu, X. (2013). How leaders differentially motivate safety compliance and safety participation: The role of monitoring, inspiring, and learning. Safety Science, 60, 196–202.

Grote, G. & Künzler, C. (2000). Diagnosis of safety culture in safety management audits. Safety Science, 34(1–3), 131–150.

Grote, G. (2008). Diagnosis of safety culture: A replication and extension towards assessing "safe" organizational change processes. Safety Science, 46(3), 450–460.

Guldenmund, F. W. (2000). The nature of safety culture: A review of theory and research. Safety Science, 34(1), 215–257.

Hale, A., & Borys, D. (2013a). Working to rule or working safely?. In Trapping safety into rules, how desirable or avoidable is proceduralization? (pp. 43–69). Farham: Ashgate.

Hale, A., & Borys, D. (2013b). Working to rule, or working safely? Part 1: A state of the art review. Safety Science, 55, 207–221.

Hale, A., & Borys, D. (2013c). Working to rule or working safely? Part 2: The management of safety rules and procedures. Safety Science, 55, 222–231.

Hatfield, J., Fernandes, R., Faunce, G., & Job, R. F. S. (2008). An implicit non-self-report measure of attitudes to speeding: Development and validation. Accident Analysis and Prevention, 40(2), 616–627.

Heinrich, H. W. (1931). Industrial accident prevention: A scientific approach. New York: McGraw-Hill.

Hinze, J. (1978). Turnover, new workers, and safety. Journal of the Construction Division, 104, 409–417.

Hofmann, D. A., & Morgeson, F. P. (1999). Safety-related behavior as a social exchange: The role of perceived organizational support and leader-member exchange. Journal of Applied Psychology, 84(2), 286–296.

Hofmann, D. A., Morgeson, F. P., & Gerras, S. J. (2003). Climate as a moderator of the relationship between leader-member exchange and content specific citizenship: Safety climate as an exemplar. The Journal of Applied Psychology, 88(1), 170–178.

Hopfl, H. (1994). Safety culture, corporate culture: Organizational transformation and the commitment to safety. Disaster Prevention and Management, 3(3), 49–58.

Hopkins, A. (2005). Safety, culture and risk: The organisational causes of disasters. Sydney, New South Wales: CCH Australia.

Hu, R., Zhang, Y., & Gu, B. (2022). Comprehensive evaluation of university safety culture construction level based on "2–4" model. International Journal of Environmental Research and Public Health, 19(23), 16145.

Hunter, D. R., & Burke, E. F. (1995). Handbook of pilot selection: Avebury Aviation Brookfield, VT.

Hunter, D. R. (2002). Risk perception and risk tolerance in aircraft pilots. Washington, DC: Federal Aviation Administration.

Ji, M., You, X., Lan, J., & Yang, S. (2011). The impact of risk tolerance, risk perception and hazardous attitude on safety operation among airline pilots in China. Safety Science, 49(10), 1412–1420.

Johnson, E. J., & Tversky, A. (1983). Affect, generalization, and the perception of risk. Journal of Personality and Social Psychology, 45(1), 20-31.

Jose, H., & Kopainsky, B. (2019). Do you bend or break? System dynamics in resilience planning for food security. System Dynamics Review, 35(4), 287-309.

Kanadiya, M. K., & Sallar, A. M. (2011). Preventive behaviors, beliefs, and anxieties in relation to the swine flu outbreak among college students aged 18-24 years. Journal of Public Health, 19(2), 139-145.

Keatinge, W. R., Coleshaw, S. R., Easton, J. C., et al. (1986). Increased platelet and red cell counts, blood viscosity, and plasma cholesterol levels during heat stress, and mortality from coronary and cerebral thrombosis. The American Journal of Medicine, 81(5), 795-800.

Keil Centre. (2002). Evaluating the effectiveness of the Health and Safety Executive's health and safety climate survey tool. Sudbury, England: HSE Books.

Kelland, K. (2017). Proliferation of Bird Flu Outbreaks Raises Risk of Human Pandemic. Scientific America.

Kelly, F. R. (1996). Worker psychology and safety attitudes. Professional Safety, 14-17.

Kelly, J. R., & Levin, S. A. (1986). A comparison of aquatic and terrestrial nutrient cycling and production processes in natural ecosystems, with reference to ecological concepts of relevance to some waste disposal issues. In The role of the oceans as a waste disposal option(pp. 165-203). Dordrecht: Springer Netherlands.

Kelly, P. (1989). Safety officer of the year. Journal of Occupational Safety and Health,17, 26-27.

Khripunov, I. (2023). Human factor in nuclear security: Establishing and optimizing security culture. Cham: Springer.

Kilbourne, E. M. (1992). Illness due to thermal extremes. Public health and preventative medicine, 491–501.

Kilgo, D. K., Yoo, J., & Johnson, T. J. (2018). Spreading Ebola panic: Newspaper and social media coverage of the 2014 Ebola health crisis. Health Communication, 34(8), 811–817.

Kim, M., & Choi, Y. (2017). Risk communication:The roles of message appeal and coping style. Social Behavior & Personality, 45(5), 773–784.

Kovats, R. S., Campbell-Lendrum, D. H., McMichel, A. J., et al. (2001). Early effects of climate change: Do they include changes in vector-borne disease?. Philosophical Transactions of the Royal Society of London. Series B, Biological Sciences, 356(1411), 1057–1068.

Landy, F. J., & Conte, J. M. (2007). Work in the 21st century: An introduction to industrial and organizational psychology(2nd ed.). New York: Blackwell Publishing.

Lee, S., & Dalal, R. S. (2016). Climate as situational strength: Safety climate strength as a cross-level moderator of the relationship between conscientiousness and safety behaviour. European Journal of Work and Organizational Psychology, 25(1), 120–132.

Lee, T., & Harrison, K. (2000). Assessing safety culture in nuclear power stations. Safety Science, 34(1–3), 61–97.

Luria, G. (2008). Climate strength-How leaders form consensus. The Leadership Quarterly, 19(1), 42–53.

Luria, G., & Morag, I. (2012). Safety management by walking around (SMBWA):A safety intervention program based on both peer and manager participation. Accident Analysis & Prevention, 45, 248–257.

Mackenbach, J. P., Borst, V., & Schols, J. M. (1997). Heat-related mortality among nursing-home patients. The Lancet, 349(9061), 1297–1298.

Mallidou, A. A., Cummings, G. G., Estabrooks, C. A., et al. (2011). Nurse specialty subcultures and patient outcomes in acute care hospitals: A multiple-group structural equation modeling. International Journal of Nursing Studies, 48(1), 81–93.

Marquardt, N., Gades, R., & Robelski, S. (2012). Implicit social cognition and safety culture. Human Factors in Ergonomics & Manufacturing, 22(3), 213–234.

Mayen, P., & Savoyant, A. (2002). Formation et prescription: Une réflexion de didactique professionnelle Aix–en–Provence. In J. – . M. Évesque, A.–. M. Gautier, C. Revest, Y. Schwartz, & J.–. M. Vayssière (Eds.), Actes du 37ème Congrès de la SELF: Les évolutions de la prescription (pp. 226–232).

McDonnell, W. M., Nelson, D. S., & Schunk, J. E. (2012). Should we fear "flu fear" itself? Effects of H1Nl influenza fear on ED use. The American Journal of Emergency Medicine, 30(2), 275–282.

McMichael, A. J. (Ed.). (2003). Climate change and human health: Risks and responses. World Health Organization.

Michael, J. H., Evans, D. D., Jansen, K. J., et al. (2005). Management commitment to safety as organizational support:Relationships with non-safety outcomes in wood manufacturing employees. Journal of Safety Research, 36 (2), 171–179.

Millstein, S. G., & Halpern-Felsher, B. L. (2002). Judgements about risk and perceived invulnerability in adolescents and young adults. Journal of Research on Adolescence, 12(4), 399–422.

Molesworth, B. R. C., & Chang, B. (2009). Predicting pilots' risk-taking behavior through an implicit association test. Human Factors, 51(6), 845.

Morens, D. M., Taubenberger, J. K., Folkers, G. K., et al. (2010). Pandemic influenza's 500th anniversary. Clinical Infectious Diseases, 51(12), 1442–1444.

Morrow, P. C., & Crum, M. R. (1998). The effects of perceived and objective safety risk on employee outcomes. Journal of Vocational Behavior, 53(2), 300–313.

Mullen, J. E., & Kelloway, E. K. (2009). Safety leadership: A longitudinal study of the effects of transformational leadership on safety outcomes. Journal of Occupational and Organizational Psychology, 82(2), 253–272.

Naevestad, T. O., Hesjevoll, I. S., Ranestad, K., et al. (2019). Strategies regulatory authorities can use to influence safety culture in organizations: Lessons based on experiences from three sectors. Safety Science, 118, 409–423.

National Oceanic and Atmospheric Administration (NOAA). Droughts. National Oceanic and Atmospheric Administration 2002.

Neal, A., Griffin, M. A., & Hart, P. M. (2000). The impact of organizational climate on safety climate and individual behavior. Safety Science, 34 (1–3), 99–109.

Newnam, S., Griffin, M. A., & Mason, C. (2008). Safety in work vehicles: A multilevel study linking safety values and individual predictors to work-related driving crashes. The Journal of Applied Psychology, 93(3), 632.

O'Dea, A., O'Connor, P., Kenedy, Q., et al. (2010). A Review of the safety climate literature as it relates to naval aviation. Monterey, California. Naval Postgraduate School.

O'Hare D. (1990). Pilots' perception of risks and hazards in general aviation. Aviation, Space, and Environmental Medicine, 61(7), 599–603.

O'Toole, M. F. (1999). Successful safety committees: Participation not legislation. Journal of Safety Research, 30(1), 39–65.

O'Toole, M. F. (2002). The relationship between employees' perceptions of safety and organizational culture. Journal of Safety Research, 33 (2), 231–243.

Parker, D., Manstead, A. S. R., & Stradling, S. G. (1995). Extending the theory of planned behaviour: The role of personal norm. British Journal of Social Psychology, 34(2), 127–137.

Patankar, M. S. (2003). A study of safety culture at an aviation organization. International Journal of Applied Aviation Studies, 3(1), 243–258.

Patz, J. A., McGeehin, M. A., Bernard, S. M., et al. (2000). The potential health impacts of climate variability and change for the United States: Executive summary of the report of the health sector of the U.S. National Assessment. Environmental Health Perspectives, 108(4), 367–376.

Pauley, K. A., O'Hare, D., Mullen, N. W., et al. (2008). Implicit perceptions of risk and anxiety and pilot involvement in hazardous events. Human Factors, 50(5), 723–733.

Pidgeon, N. F. (1991). Safety culture and risk management in organizations. Journal of Cross-Cultural Psychology, 22(1), 129–140.

Pidgeon, N. F. (1998). Safety culture: Key theoretical issues. Work & Stress, 12(3), 202–216.

Prussia, G. E., Brown, K. A., & Willis, P. G. (2003). Mental models of safety: Do managers and employees see eye to eye?. Journal of Safety Research, 34(2), 143–156.

Ramsey, C. E., & Rickson, R. E. (1976). Environmental Knowledge and Attitudes. The Journal of Environmental Education, 8(1), 10–18.

Ranney, T. A. (1994). Models of driving behavior: A review of their evolution. Accident Analysis and Prevention, 26(6), 733–750.

Rayner, S., & Malone, E. L. (2001). Climate change, poverty, and intragenerational equity: The national level. International Journal of Global Environmental Issues, 1(2), 175–202.

Reason, J. T. (1997). Managing the risks of organizational accidents. Aldershot: Ashgate.

Rerup, C., & Feldman, M. S. (2011). Routines as a source of change in organizational schemata: The role of trial-and-error learning. Academy of Management Journal, 54(3), 577–610.

Richter, A., & Koch, C. (2004). Integration, differentiation and ambiguity in safety cultures. Safety Science, 42(8), 703–722.

Rokeach, M. (1973). The nature of human values. New York: Free Press.

Rundmo, T. (2000). Safety climate, attitudes and risk perception in Norsk Hydro. Safety Science, 34(1–3), 47–59.

Schein, E. H. (1990). Organizational culture: What it is and how to change it. In Human resource management in international firms: Change, globalization, innovation (pp. 56–82). London: Palgrave Macillan UK. American Psychological Association.

Schein, E. H. (2010). Organizational culture and leadership(Vol. 2). New York: John Wiley & Sons.

Schneider, S. K. (1990). FEMA, federalism, Hugo, and 'Frisco. Publius: The Journal of Federalism, 20(3), 97–116.

Schoch-Spana, M. (2004). Lessons from the 1918 pandemic influenza: Psychosocial consequences of a catastrophic outbreak of disease. In Bioterrorism: Psychological and public health interventions (pp. 38–55). New York: Cambridge University Press.

Schwartz, S. H. (1992). Universals in the content and structure of values: Theoretical advances and empirical tests in 20 countries. In Advances in experimental social psychology(Vol. 25, pp. 1–65). New York: Academic Press.

Semenza, J. C., Rubin, C. H., Falter, K. H., et al. (1996). Heat-related deaths during the July 1995 heat wave in Chicago. New England Journal of Medicine, 335(2), 84–90.

Simmel, G. (1955). Conflict and the web of group affiliations. New York: Free Press.

Shull, R. N., & Dolgin, D. L. (1989). Personality and flight training performance. In Proceedings of the Human Factors Society Annual Meeting (Vol. 33, No. 14, pp. 891–895). Sage CA: Los Angeles, CA: SAGE Publications.

Shultz, J. M., Baingana, F., & Neria, Y. (2015). The 2014 Ebola outbreak and mental health: Current status and recommended response. Journal of the American Medical Association, 313(6), 567–568.

Simmel, G. (1955). Conflict and the Web of Group Affiliations. New York: Free Press.

Sitkin, S. B., & Weingart, L. R. (1995). Determinants of risky decision-making behavior: A test of the mediating role of risk perceptions and propensity. Academy of Management Journal, 38(6), 1573–1592.

Slovic, P. (1987). Perception of risk. Science, 236(4799), 280–285.

Slovic P. (Ed.). (2000). The Perception of risk. London: Earthscan Publications.

Sujon, M., & Dai, F. (2021). Social media mining for understanding traffic safety culture in Washington state using twitter data. Journal of Computing in Civil Engineering, 35(1), 1–62.

Timmer, C. P. (2010). Reflections on food crises past. Food Policy, 35(1), 1–11.

Toft, B., & Reynolds, S. (2005). Learning from disasters: A management approach. London: Palgrave Macmillan.

Toth, F. (1999). Development, equity and sustainability concerns in climate change decisions. In Climate change and its linkages with development, equity and sustainability: Proceedings of the IPCC Expert Meeting held in Colombo, Sri Lanka, (pp. 263–288).

Turner, B. A. (1991). The development of a safety culture. Chemistry and Industry, 1, 241–243.

Ulleberg, P., & Rundmo, T. (2003). Personality, attitudes and risk perception as predictors of risky driving behaviour among young drivers. Safety Science, 41(5), 427–443.

Urban, D. J. (1986). Hazard evaluation division standard evaluation procedure: Ecological risk assessment(No. 85). US Environmental Protection Agency, Office of Pesticide Programs.

Van den Bulck, J., & Custers, K. (2009). Television exposure is related to fear of avian flu, an Ecological Study across 23 member states of the European Union. The European Journal of Public Health, 19(4), 370–374.

Vardaki, S., & Yannis, G. (2013). Investigating the self-reported behavior of drivers and their attitudes to traffic violations. Journal of Safety Research, 46, 1–11.

Vassallo, M., Gera, K. N., & Allen, S. (1995). Factors associated with high risk of marginal hyperthermia in elderly patients living in an institution. Postgraduate Medical Journal, 71(834), 213–216.

Vecchio–Sadus, A. M., & Griffiths, S. (2004). Marketing strategies for enhancing safety culture. Safety Science, 42(7), 601–619.

Weinstein N. D. (1982). Unrealistic optimism about susceptibility to health problems. Journal of Behavioral Medicine, 5(4), 441–460.

Westrum, R. (1993). "Cultures with requisite imagination." In: Verification and validation in complex man-machine systems. New York: Springer.

Westrum, R. (2004). A typology of organisational cultures. Quality & Safety in Health Care, 13(1), 22–27.

Wilde, G. J. S. (1994). Target risk: Dealing with the danger of death, disease and damage in everyday decisions. PDE Publications: Castor & Columba.

Wills, A., Watson, B., & Biggs, H. (2009). An exploratory investigation into safety climate and work-related driving. Work, 32(1), 81–94.

Wilson-Donnelly, K. A., Priest, H. A., Salas, E., et al. (2005). The impact of organizational practices on safety in manufacturing: A review and reappraisal. Human Factors and Ergonomics in Manufacturing, 15(2), 135–176.

Xu, Y. S., Li, Y. J., Ding, W. D., & Lu, F. (2014). Controlled versus automatic processes: Which is dominant to safety? The moderating effect of inhibitory control. PloS One, 9(2), 1–8.

Zacharatos, A., Barling, J., & Iverson, R. D. (2005). High‑performance work systems and occupational safety. Journal of Applied Psychology, 90(1), 77–93.

Zohar, D., & Tenne‑Gazit, O. (2008). Transformational leadership and group interaction as climate antecedents: A social network analysis. The Journal of Applied Psychology, 93(4), 744.